〈新版〉

# 近親性交とそのタブー

## 文化人類学と自然人類学のあらたな地平

川田順造 編

青木健一（集団生物学）
山極寿一（霊長類学）
出口 顯（文化人類学）
渡辺公三（文化人類学）
西田利貞（霊長類学）
内堀基光（文化人類学）
小馬 徹（文化人類学）
古橋信孝（古代日本文学）
高橋睦郎（詩人）

藤原書店

# 新版への序
## ——『近親性交とそのタブー』新版に当たって——

川田順造

二〇〇一年一二月三〇日に、この本の初版が藤原書店から刊行されて、一六年余りの時が過ぎた。この間、初版に参加し、貴重な発言をされたあと世を去られた方は、クロード・レヴィ＝ストロース先生、西田利貞さん、渡辺公三さんだ。その意味でこの再版は、二度と再現できない発言の記録として、かけがえのない意味を担っている。

二〇〇一年の四月七日、桜が満開の京都で、日本人類学会進化人類学分科会の山極寿一さんと私が世話役になって、「最先端の自然人類学・文化人類学の知から」と銘打って丸一日、ぶっ通しで議論した結果をまとめたのがこの本だ。

この集まりには、前史がある。当時東京大学理学部人類学科助教授だった青木健一さんと西田利貞さん、立教大学一般教育部教授だった香原志勢さん、一橋大学助教授だった内堀基光さん、国立音楽大学助教授だった渡辺公三さん、東京外国語大学アジア・アフリカ言語文化研究所教授だった川田順造が、随時、たいていは夜、香原さんのお世話で立教大学の空き教室に集まって、「共進化」(Co-evolution) について、交代で話題を提供して議論する場を、かなり自然発生的に作っていた。どれくらい続いたか覚えていないが、記録も何も作らない、自由な議論の場だった。

この集まりを拡大して、日本人類学会進化人類学分科会のシンポジウムをやったら面白いのではないかと、私が山極寿一さんに持ちかけたのが、本書『近親性交とそのタブー』の発端だった。香原さんは、この頃ご高齢で体調をくずされ、シンポジウムに出席されたかどうか記憶にないが、発言者にはなっていない。

文化人類学の分野からは、インセストや性の問題について独創的な研究を発表されていたお二人、出口顯さんと小馬徹さんに加わっていただき、古代日本の精神世界について、独自の見識をお持ちの古橋信孝さんも、参加して下さった。

更に、詩人とだけお呼びするのは憚られる、奥深い精神世界の旅人高橋睦郎さんも、参加をお引き受け下さったが、アイルランドでのご自身の詩の朗読会と重なったため、帰国後に他の参加者の発言をお読み下さった上で、玉稿をお寄せ下さった。

私たちヒトが生きる営みの根源にある、したがって欲望の原初をなしている食と性において、古来ヒトはおそらく普遍的に、ある制約をみずからに課してきた。食べていいものといけないもの、性行為を行っていい相手といけない相手の区別だ。

その区別の設け方は、社会により時代によって一様ではなかったし、それを敢えて破った者に対する制裁のあり方も多様だった。私が長く付き合ってきた西アフリカ・サバンナ地帯のモシ社会では、獣姦を行なった者は、木の枝に首を吊って自殺すべきだという掟があり、驢馬と交わったあと、首吊り自殺を遂げた者を見たという人がいる。そのような掟があっても、獣姦を行う人がいたということだ。ブラジルの大農場の姿を克明に絵入りで描いたジルベルト・フレイレの『大邸宅と奴隷小屋』（一九三三年）には、真昼の大農場の木陰で、手綱に小型の牝牛を繋いだ男が、全裸になった客に、牝牛と交わらせているさまが描かれている。これは、制裁などは問題にならない商取引だ。

ヒトのあいだでの性交でも、現代日本でも実際に多く行われている母と息子の相姦の多くが、亡くなった夫の姿を、母が成長した息子に感じ取るところに動機をもっているのに対し、父と娘、兄と妹、姉と弟の相姦は、孤立した、あるいは雑居的居住環境のなかで、ある種の強要によって生じるようだ。

近親相姦の内でも母と息子のものは、本書で内堀基光さんが鋭く問題提起しているように、直前の世代の非・近親相姦的婚姻の「追認ないし継承」と見ることもできるのであり、その意味で近親相姦のタブーを、女性の交換を促すことに求めようとするレヴィ＝ストロースの理論からは、母子相姦ははみ出してしまう。

近親相姦の禁止を、複数の「同類」間の交渉・交換を増大させるという目的に沿った機能の面から解明しようとしたレヴィ＝ストロースの理論を、息子が父を殺し母を犯すというエディプス・コンプレックスの衝動に、ヒトの生きる営みの深層を探ろうとするフロイトの説と対比させ、それを「幻想と現実のはざま」の問題として、渡辺公三さんは本書で論じている。

この本の草稿がまとまり、折良く国際会議で私がパリに滞在した機会に、レヴィ＝ストロース先生に、シンポジウムの内容を詳しくお伝えしてご意見をうかがった時にも、先生は母子相姦を他の近親相姦に比べて特別視するかどうかは、社会の選択の問題だという態度を崩さなかった。原則論としては確かにその通りなのだが、私としては、内堀さんの議論の延長上で、母子相姦が内包する意味の深さを、「母神と小さ子《ちいご》」信仰の広がりも視野に入れて、考え続けてみたい思いに駆られる。

新しい生命を生み出す器としての母性＝大地と、そこに生命の種子を植え付け、同時に母性＝大地から産み出されるものでもある穀精＝穀粒の極めて自然な結びつきは、農耕民に限らず、植生のサイクルに注意する採集狩猟民にとっても、生命活動の根源的な原理と映るのではないかと思う。

山極さんのいう「求愛行為では雄が主導的だが、最終的な交尾の決定権は雌が持っているという霊長類の特徴」が、ヒトにも基本的にあてはまるとすれば、男女の相対年齢やそれぞれの性的成熟度も考慮に入れて、息子と母、甥と伯（叔）母の性的結合の方が、父と娘、伯（叔）父と姪よりも、一般的に言って起こり易いとは言えるだろう。このように見てきた上で、母子相姦とそのタブーが内包するものは、一体何なのかを改めて問う――このスリリングな探求は、まさにフロイトとレヴィ＝ストロースの理論が交差する点の延長上に、今度の私たちのシンポジウムのような学際的視野で、今後さらに進められるはずのものだ。

終わりに、もう二度とありえない、当時満九十三歳だった故レヴィ＝ストロース先生の、このシンポジウムについての、逆説と諧謔に満ちた当意即妙のコメントの素晴らしかったことを改めて記して、新刊の序の締めくくりとしたい。

# 近親性交とそのタブー〈新版〉　目次

＊「すべての婚姻はインセストである」（レヴィ＝ストロース）

## インセストとしての婚姻　（文化人類学）出口顯　85


＊インセスト・タブーはネガティヴな禁止（フロイト）か、ポジティヴな交換の命令（レヴィ＝ストロース）か？

## 幻想と現実のはざまのインセスト・タブー　――フロイトからレヴィ＝ストロースへ――　（文化人類学）渡辺公三　117

［コメント・批判・あらたな問い］

# II

## インセスト・タブーについてのノート
（霊長類学）西田利貞 137

＊五つの批判と問い



## インセストとその象徴
（文化人類学）内堀基光 147

＊行為ではなく〝想像〟の対象としてのインセストがもつ〝意味作用〟

# 近親性交とそのタブー〈新版〉

文化人類学と自然人類学のあらたな地平

問題提起に代えて

# 性――自己と他者を分け、結ぶもの

川田順造

父と娘、母と息子、兄と妹といった近親者間の性交は、実際には行われているにもかかわらず、タブーとされている社会が多い。単なる禁止ではなく、何かしら忌まわしい、不吉なものとして意識されるのだ。逆に近親者間の性交や婚姻が神聖視される場合もある。近親性交とそのタブーをどう考えたらいいのか、鳥類やヒト以外の哺乳類、ヒトにもっとも近いといわれるチンパンジーではどうなっているのか。身近な疑問でもあり、ヒトという生物のあり方の根源にかかわる問題として、人類学のような視野をもった学問での、重い研究課題でもあった。

今春四月七日、桜が満開の京都で、『近親性交とその禁忌』をテーマに、集団生物学、霊長類学、文化人類学の最新の研究成果と問題意識を持ち寄ったシンポジウムが、日本人類学会進化人類学分科会の主催で行われた。熱論四時間、十分な手応えの感じられたシンポジウムだった。このような学際的な視野でこの問題が論じられるのは、世界でもおそらく初めてであり、この討議の貴重な成果を一冊にまとめて世に問おうということで、この本が生まれた。

＊

もうふた昔前になる。パリで博士論文を書いていた私が、国際霊長類学会でパリに来られた故今西錦司先生の論文の仏訳をお手伝いしたとき、先生の宿で夜明けまでサシでコニャックを舐めながらお話したことがある。丑三つどきを過ぎた頃だったが、ふと私が、「生きものの一番根源的な欲求は何でしょうか」とお訊ねすると、今西先生はさりげなく、だがきっぱりと「パーペチュエイションやね」

と言われた。この間髪を入れない、核心を衝く一言に、さすが今西先生と、私は尊敬の念を新たにした。

進化人類学、霊長類学の大先達のこの一言をきっかけに、私は生物における「利己と利他」「忠誠の根拠」ということを考えるようになった。その後十年あまりたって、西田利貞さんと『エコノミスト』誌上で「サル社会・ヒト社会」をテーマに対談したときも、[1]私はヒトにおける利他行為の由来をとりあげ、西田さんもサル社会でのこの問題に関心をもっていると言われた。その後の西田さんのご研究の展開については、改めて述べるまでもない[2]。

「個体としても種《しゅ》(species)としても、少しでも先へ生きのびること」から出発して、だがヒトは生物的存在の単位である「個」が主体的に意識された社会的存在としての「己」、および「己」を拡大した「同類」の範囲を、これまでヒトという「種」の内側に、さまざまな度合いで設定してきた。家族、氏族、郷土、民族、国家、等。どの範囲であれ、「己」が利己的でのみあり、他者に対して閉ざされたものでありつづければ、やがて「己」や「同類」は衰微してゆかざるを得ない。そのことは最も初次的な「己」である個人としての「私」から、制度としては最大に拡大された「己」である「国家」にいたるまで妥当する。そしてより高次の「己」や「同類」への献身ないしは利他行為、つまりより低次の「己」のパーペチュエイションを犠牲にして、より高次の「己」のパーペチュエイションをはかる行為は、後者によって顕彰される。個人が家族や村のために、あるいは個人や家族が国家のために犠牲になる行為におけるように。

従来、「己」の最大の範囲は生物の種としてのホモ・サピエンス、ヒト、つまり人類だった。しかし、たとえ他の惑星の生物が問題にならなくても、ヒトに最も近い類人猿の、とくにチンパンジー属や、その一種であるボノボとヒトとの関係をどう考えるかは、倫理という観念が適用されうる範囲のあり方としても、本書で小馬徹さんも示唆しているように、まもなく検討されなければならないときがくるだろう。そうでなくとも、ヒトの地球上での勢力拡張以来、とくに最近では、日々五〇から一〇〇の生物の種が絶滅しているという状況で問題化している、ヒトと他の生物との共存の可能性など、種間倫理の課題が、私たちに「己」の範囲の再考を迫っているのだから。

個体としての「己」と他の「己」が交わる、生物体の最も根源的な行為は性交であり、その行為によって「己」とその拡大された「同類」は、個体を超えたパーペチュエイションを得ることが（性交が出産の原因であることが意識されていない社会は多かったにせよ）可能になる。ヒトを性交に向かわせる衝動である性欲の差し向けられる先が個体としての「己」で閉じてしまう手淫から、より拡大された、しかし身近な「己」である肉親や家族のなかでの性交、さらに「己」の拡大された「同類」のなかでの性交としての、ある近さと遠さをもった例えば交差イトコ（異性のキョウダイの子）や平行イトコ（同性のキョウダイの子）の間での性交、その社会制度化された交差イトコ婚、平行イトコ婚などを経て、血縁関係や姻族関係をたどりえない範囲の個体同士の性交・婚姻、そして異類、つまりヒト以外の生物との性交や、異類との婚姻（説話・伝承のなかにしか見られないが）へと、性欲の差し向けられる対象の、自己閉鎖と開放の範囲は、社会によってさまざまに設定されてきた。

社会が設定したある範囲の「同類」内での性交や婚姻が禁忌（タブー）とされ、その範囲外のある種の「同類」との婚姻が推奨されるとすれば、禁忌と推奨は「同類」の設定の仕方の両面であり、しかも禁忌も推奨も実際には厳格に守られていないが、しかし禁忌には、社会的な掟が内面化された禍々《まがまが》しさの感覚が伴うのが特徴だ。性行為における「同類」設定の両極端にある手淫と異類との性交、それに同性間の性行為は、生物体としての性の衝動が結果としてもたらすはずだった「己」と「同類」のパーペチュエイションには、資するところがない。

自己閉鎖度の強い手淫や近親間性交は、「自然に」かなりの頻度で行われてきている。だが同時に、自己開放度をより大きくして「己」と「同類」、生物体としてその最大の範囲である「種」(species)のパーペチュエイションを計ろうとする仕組みも、ヒトだけでなく他の生物にも、「自然に」働いてきたようにみえる。そのことは、この本に収められた青木健一さんや、山極寿一さんの文章に、最新の研究の成果にもとづいて明快に示されている。ただヒト以外の生物については、私たちヒトは外側からその生物の個体の行動を観察し記述するだけで、彼らの意識や表象(それらが彼らの内面にあったとして)の側面には、今までのところ踏み込むことができずにいる。ヒトについては、さまざまな範囲に設定された「己」の性行為そのものとともに、行為やその結果が喚起する、快楽、怖れなどの情念や意識の側面が重要だ。

＊

現代日本の山村。母は十年ほど前、息子が中学へあがるとまもなく夫を病気で亡くし、再婚話を断って息子を育ててきた。四年前、母親三十七歳、息子は十九歳だった。息子は夕方野良仕事から帰ると、パンツひとつになって風呂に飛びこむ。そのたくましく成長した肢体に、母は夫の思い出を重ね合わせる。ある夜、隣に寝ている息子の蒲団に、母は一糸もまとわない姿でもぐりこむ。「お前もずいぶん立派になったねえ。お父さんにそっくりだ。」息子は一瞬驚くが、まだ若さののこる母親の裸身に触れると、あとはただ夢中でしがみついてくる。夜明けまで母と息子は互いのからだを無言でむさぼり合い、以後毎夜のように同じことがくりかえされる。母親は妊娠するが中絶し、その後も互いのからだを手放すことができなくなる。(3)

他にも例のある母と息子の相姦の多くが、亡くなった夫の姿を母が息子のうちに認知するところに動機の根源をもっているのは興味深い。これに対し、父と娘、兄と妹、姉と弟の相姦は、孤立した、あるいは雑居的居住環境のなかで、それも父＝娘の性関係は父親の側からの暴力的な強要によって生じる傾向がある。

たまたま現代日本の近親性交のかなり詳しい記録を一〇〇例集めた本から拾ったが、これらの記録がどこまで事実そのもので、どこまで語り手の意図的、無意図的な潤色が施されているのかは問わない。同じようなことは、世界のあちこちで行われ、語られ文字化されてきたし、この種の記録を読む人々の内にも、こうした行為を納得できる素地が、潜在的に具わっているという限りでの、ある種の普遍的「真実性」を認めることはできるだろう。そして内堀基光さんが鋭く問題提起しているように、近親相姦のうちでも母と息子のものは、直前の世代の非・近親相姦的婚姻の『追認ないし継承」(内堀)

と見ることもできるのであり、その意味で近親相姦のタブーを女性の交換を促すことに求めようとする理論からは、母子相姦ははみ出してしまう。

近親相姦の禁止を、複数の「同類」間の交渉・交換を増大させるという目的にそった機能の面から解明しようとしたレヴィ＝ストロースの理論を、息子が父を殺し母を犯すというエディプス・コンプレックスの衝動にヒトの生きる営みの深層を探ろうとするフロイトの説と対比させ、それを「幻想と現実のはざま」の問題として、渡辺公三さんは本書で論じている。

この本の草稿がまとまり、その問題点を折良く国際会議で私がパリに滞在した機会に、レヴィ＝ストロース先生にお話しして意見を伺ったときにも、先生自身は母子相姦を他の近親相姦に比べて特別視するかどうかは社会の選択の問題だという態度をくずさなかった。原則論としては確かにその通りなのだが、私としては、内堀さんの議論の延長上で、少なくとも私たちが主に生きてきた社会で母子相姦が内蔵する意味の深さを、表象のレヴェルでの「母神と小さ子」信仰の広がりも視野に入れて、考えつづけてみたい思いに駆られるのだ。(4)

山極さんのいう「求愛行為では雄が主導的だが、最終的な交尾の決定権は雌がもっているという霊長類の特徴」が、ヒトにも基本的にあてはまるとすれば、男女の相対年齢やそれぞれの性的成熟度も考慮に入れて、息子と母、甥と伯（叔）母の性的結合の方が、父と娘、伯（叔）父と姪よりも、一般的にいって起こりやすいとはいえるだろう。このように見てきたうえで、母子相姦とそのタブーが内包するものは一体何なのかを改めて問う――このスリリングな探究は、まさにフロイトとレヴィ＝ストロースの理論の交差する点の延長上に、今度の私たちのシンポジウムのような学際的視野で、進められるはずのものだ。

＊

本書で青木さんの論文も示しているように、鳥類や哺乳類一般において、ある頻度での近親性交は、自然で正常な行為だ。生物としてのヒトにとっても、それは本来「自然な」行為の一部をなしているのであろう。ただ一部の鳥類や哺乳類には、「きつい近親交配」を回避する生得的な機構が具わっている可能性があり、霊長類では、群れの構成と、性的に成熟したオス・メスが同じ群れのなかにいる割合などから、「メイト・アウト」、つまり異なる群れの個体間の性交が起こりやすい仕組みが働いて、近親性交が起こりにくくなっている（「メイト・アウト」と「近親交尾回避」の相互関係については山極論文に詳述されている）。他方、種のパーペチュエイションにとっては全く不毛な異種間性交、とくに形態的に隔たりの大きい異種の個体間での性交は、ヒト以外の動物では「自然」の仕組みとしては、きわめて起こりにくく、これは優れてヒトの「文化」の産物であるようだ。

くりかえすが、ヒトの場合には不吉感、不浄感を伴う「タブー」という形で、社会によって異なる範囲の近親、つまりある範囲の「同類」のあいだでの性交が禁じられるのが特徴だ。同居していた姪（兄の娘）に子を生ませた島崎藤村は、そのことに対する罪の意識を描いた『新生』で、亡妻の位牌のある仏壇に触れた姪の掌に、訳の分からない血がべっとりと付く凄惨な叙述をしている。だが、性交ないしその制度化された婚姻の禁止と、しばしばこれと背中合わせに設定される推奨される婚姻の範囲が、社会によってまちまちで、いかに相対的なものであるかは、本書で出口顯さんが多くの事例を挙げて述べている。

出口さんが私に教えてくれた桜井万里子さんの研究によると、古代ギリシアでは、「イエ」(オイコス)の継承者としての息子が生まれなかった場合、「家付き娘」(アテナイでは「エピクレーロス」、クレタ島のゴルテュンでは「パトロオイオコス」と呼ばれた)は、父方の最も近い男性親族である親の兄弟、つまりその娘にとっての伯(叔)父と結婚しなければならなかった。伯(叔)父がいないか彼らが拒否した場合、彼らの息子、つまり父方の従兄弟が結婚相手とされた。アテナイでは二親等の伯(叔)父・伯(叔)母と姪・甥との結婚が可能であっただけでなく、同父異母の兄=妹、姉=弟でも結婚できた。こうした組み合わせの結婚は、父の家の財産の目減りを防ぐのには都合がよいと考えられていた。[5]

アラブ社会では、一般に父方平行イトコ婚(兄弟の子同士の結婚)が推奨されるが、日本でも本家分家関係が社会組織の骨組みとなってきたような地域で、本分家の結び付きを強めたり、財産の分出を防ぐために、父方平行イトコ婚が好まれていた地方は多い。しかも同時に「イエ」の継承を重視した婿養子縁組が頻繁で、「家付き娘」の父方平行従兄弟との婚姻も推奨されるものとしてありえた日本の例を、古代ギリシアにおける「家付き娘」の父方近親者との婚姻と対比して検討することも、興味ある課題だ。

＊

一方、社会が定めた「同類」内の近親者や、逆に同類外の「異類」との性関係を禁じたタブーを敢えて侵犯することが、かえって侵した者たちを聖化する契機にもなりうる。そのことは説話・伝承の世界で、つまり現実の行為においてよりは、表象のレベルで著しい。奄美のオナリ神の起源伝説に語られている、別れ別れに暮らした兄妹がめぐりあい、兄は妹をそれと知らずに犯し、妹は兄と知りつつ受け入れた上で自死し、共同体によって神として祀られたというように。日本で広く採録されている、兄妹相姦と塞《さえ》の神（道祖神）の由来を結びつける伝承も、人間が近親相姦にある種の聖性を付しているいることを示しているといえるだろう。(6)

近親や異類との性交の禁忌と聖化のこのような両極性は、本書で古橋信孝さんが古代日本文学の森に分け入ってまざまざと描き出してくれていて、ヒトの「心の闇」の深淵を私たちにのぞかせてくれる。

世の始まりを語る神話にも、大洪水のあとに生き残った兄妹が交わって子孫を生む始祖神話をはじめ、母子、兄妹などの近親性交が世界のあちこちで語られている。たとえ始祖が兄妹でなくとも、イザナギとイザナミやアダムとイヴの直後の子孫たちも、みな近親者ということになるだろう。

古代エジプトの地母神イシスとその息子であり夫でもある穀精オシリス、古代メキシコの地母神＝穀母テテオインナンの夫である穀神マイクルショチトルショチピーリ（息子のシンテオトルと同視）など、母子相姦的性格の強い地母＝穀精のカップルは、洪水神話の兄妹相姦と同様、世界の始源にかかわる神話に頻繁に登場する。

その変形と見なしうる、夫の影が薄い、偉大な母と異能児の息子のコンビも、マリアとイエス・キリスト、山姥と金太郎など、広くヒトの崇敬を集めてきた。とりわけ、マリアが処女懐胎の結果イエスを産み、イエスは童貞のまま殺されて復活する——この不条理を信じる、のちの世の夥しい数の男女が、それぞれ異性との交わりを断った一生を、俗社会からは隔離された集団生活のうちに送る制度が、キリスト教社会には広く存在してきた。

他方、異類との性交については、ヒトの男性と家畜（驢馬、牛など）の牝との獣姦は、ブラジル東北部の砂糖黍大農場の生活についての古典的研究書（ジルベルト・フレイレの『大屋敷と農奴たち』）にも挿し絵入りで描かれているし、私が長く暮らした西アフリカ旧モシ王国でも、驢馬との性交を目撃された男は、樹に首を吊って自殺しなければならず、葬儀はしないという言い伝えがある。

「畜《けもの》犯せる罪」は、『延喜式』六月晦《みなづきつごもり》の大祓《おほはらへ》祝詞に、「天つ罪」に対する「国つ罪」として、「おのが母犯せる罪、おのが子犯せる罪、母と子と犯せる罪、子と母と犯せる罪」につづいて挙げられており、『旧約聖書』「レビ記」にも、獣姦は、同性愛（男性のみ）、月経中の女性との性交、姦淫とならんで、重罪として挙げられている。このことからも、遠く隔たったこの二つの地域で、異類との性交が現実には行われていたことが窺われる。

言語表象のレベルでは、「異類婚姻譚」として分類される説話群があるが、ヒト以外の動物（場合によって植物）との婚姻のあり方、その結末、生まれた子の行く末などは、文化によって著しく異なっている。[7] 日本では、異類婚姻譚がきわめて豊かであるだけでなく、そこから生まれた子が超能力をもつとされることもある。平安中期の高名な陰陽家で、著書も遺している安倍晴明（九二一～一〇〇五）も、狐を母として生まれたとされており、広く芸能化もされて流布している「葛の葉子別れ」伝説と歴史上実在の人物像との境も定かでない。『古事記』によれば、神武天皇の母（玉依姫《たまよりひめ》）も、父の母（豊玉姫《とよたまひめ》、玉依姫の姉）も海神の娘で、鰐（サメ類の古名）とされている。

*

始祖にまで遡る、近親相姦と異類婚という、性の交わりにおける「己」と「他者」の、こうした両極を見ることから、私たちは「己」の拡張された「同類」のうちに、どこまで「他者」を認めて性の交わりを結びうるのか、逆に全く断絶した「他者」とは本来結べないはずの性の交わりを、「他者」のうちにどこまで「同類」を拡張して結べるのかという問いの前に立たされる。性の衝動が差し向けられる対象が、究極の「己」にまで縮小された手淫と、対極の「他者」にまで拡張された獣姦のどちらも、性の衝動の根源にあったはずの「種のパーペチュエイション」にとっては不毛なものだ。

だが、始祖神話に教えられるまでもなく、アフリカ大陸で樹上生活をやめてサバンナで二足歩行を始めたばかりのヒトの先祖は、比較的少数だったはずで、そのヒトたちが近親同士も含む性交をくりかえし、そのうちの生存者をさまざまなやり方でさらに自他に区分けしながら性交をくりかえして、私たちの現在を生み出したのだ。一方、異種間交配が、近種間での稀な例をのぞいて子孫をのこしえないという前提に立てば、現生人類としての今の私たちは、二〇万年から一五万年以来、近親者を含む比較的少数の集団から、現在互いに戦って殺し合ったりもしている六〇億人という、単一種としては恐るべき規模の集団になるまで、同一の内婚集団であり続けたことになる。

サル学や遺伝学の最新の成果を待つまでもなく、私たちヒトは他の生物と連続した自然の一部だ。現生人類六〇億の「己」のそれぞれからたどって、拡張された「己」としての「同類」や、「同類」と区別された「他者」をどのように設定し、そこに性交のタブーや推奨婚の仕切りをつけるかは、きわめて恣意的で相対的なものでしかない。その基本的な事実の確認は、本書のなかで繰り返されているライトモチーフであり、とくに出口さん、小馬さんがヒトについての多くの事例を挙げて説得的に示されている。そして小馬さんや高橋睦郎さんはさらに、ヒトをこえる視野で近親性交のタブーを問い直そうとしている。

小馬さんは、チンパンジーとボノボという、生物種としては近縁だが、群の構成原理や食制、性行動そして気質一般まで、著しい差異を示している類人猿の、とくにボノボの性行動に注目している。ボノボは純草食性で気質も温順であるだけでなく、ボノボの性行動には、種のパーペチュエイションには結びつかない、受精に至らない近親間性愛や同性愛などの「社会性」(小馬)が顕著だ。小馬さんは、ボノボの性行動のうちに、ヒトとは異なる方向への性倫理の可能性を考え、人間中心でなくボノボの価値観を認めるべきだとする。

従来のサル学にとかく見られがちだった人間中心主義的発想にも小馬さんの批判は及んでいるが、

これも含む人間中心主義批判にも私は全面賛成だ。[8] ヒト以外の生物を対象とする場合、とくにヒトに似た類人猿などに対しては、例えば「家族」という概念にしても、人類における家族の起源をサル社会に探るというように、私たちはとかくヒト中心の単系進化主義的な発想をとりがちだ。だが、サル社会を、私たちのかつての姿を示すものとしてではなく、ヒトとは異なる方向へ向かった、私たちと同じ時間の深さを経て、私たちとまぎれもない同時代を生きている者たちの社会としてとらえることは、ヒトの文化を対象としたかつての進化主義による未開社会の残存説が誤りであったのと同じ意味で、正されなければならないであろう。類人猿をはじめとするヒト以外の生物の営みを、「異文化」として認識することは、文化人類学者がかつての進化主義による「未開」社会の営みを、今では同時代の「異文化」として見るようになったのと同じ意味で、現在の私たちに必要な態度であると思われる。

すでに述べたように、生物の単一種としては異常繁殖ともいえる地球上でのヒトの増加と、他の生物種への破壊的な影響のなかで、ヒトそのものの生き残りのためにも、ヒト以外の生物種も含めた「種間倫理」が緊急に必要とされている。他の生物種の生存権も認め、その者たちの生きる営みを「異文化」として尊重することは、ヒトの生き残り戦略という便法としてではなく、世界認識のあり方として大切だと思うのである。

ただ、ヒト以外の種の側からの意思表明を十分に受け取ることができない現状では、私たちの側からする「異文化理解」に含まれうるヒト文化中心の偏向を、「異文化」の当事者の側からの見解によってただす手立てが、これまでのところ不可能か、ないしは著しく不十分だ。ヒト以外にまで拡大された異文化理解の方法の検討は、これからの人類学の重要な課題にしなければならない。

高橋睦郎さんは、こうした方向を性行動の認知において極限にまで進め、近親相姦の禁止を自瀆と自殺のあいだに位置づける。認識のうえでたとえヒト中心主義（anthropocentrism）を否定できたとしても、ヒトはその生物としての性《さが》から、人間中心志向（human-centered orientation）を捨て去ることができないだろう。残された道は出口のない業《ごう》の穴の底で、呻吟しつつ個体および種としてのパーペチュエイションをつづけることなのか。アイルランドの現代詩『骨ヶ原』と平安日本の『源氏物語』とに描かれた近親間の相姦と復讐の物語の世界に私たちを導きながら、高橋さんはこの本を締めくくるにふさわしい、ラディカルな問いを投げかけている。因みに付け加えると、高橋さんには、今年四月のシンポジウムにも、コメンテーターとして出席して下さるようお願いしたのだが、あいにく海外での自作朗読会の予定と重なって、お出でいただけず、本書での参加となった。古橋さんは、シンポジウムにも出席、他の人たちの発表も聞き、その場での発言もして下さっている。

＊

ここで初めの問題設定に戻るならば、生物の個体および種としてのパーペチュエイションのための、根源的な欲望として食欲と性欲があり、それがヒトにあっても同じであることは、改めていうまでもない。ところで、私たちのこの本の主題に、現代の人類学者で最も大きな貢献をした一人に、フランスのクロード・レヴィ＝ストロース教授がある。その研究は、本書の元になったシンポジウムでも、すべての発言者に参照されるか、重要な論点とされた。

レヴィ＝ストロース教授は、ヒトと他の生物種の関係についても、研究の最初期から強い関心を注いできた。その一つの方向は、本書でも一貫して問題でありつづけた「己」ないしその延長としての「同類」と、「他者」の認知であり、オーストラリア先住民のトーテミズムを、他の生物種をかりてヒトを区分する分類体系として位置づける独創的な研究となった。もう一つの方向は、カニバリズム（食人習俗）とその拡大された形としての肉食の問題だ。いずれも、ヒトと他の生物の種とを広い意味での「同類」として、共通の視野でとらえるところから出発している。

他方、近親相姦のタブー（インセスト・タブー）についても、社会によって設定された「同類」の男性が「同類」内の女性を妻とすることを断念し、他の「同類」の男性に与えることによって、交換の範囲を広げうるという、交換論の観点から説明しようとした。それを世界の厖大な民族誌の検討から理論化し、「限定交換」と「一般交換」の区別をはじめ、女性（婚姻）、財貨（経済）、情報（コミュニケーション）の三つのレベルでの交換の一部として婚姻を位置づけた貢献は大きい。大著『親族の基本構造』（一九四九）に結集されたその理論は、本書の諸論文でも考察の基本的な参照枠とされているほどの影響を、半世紀あまりを経た現在も、もち続けている。

ところで、七年前にイタリアの新聞『ラ・レプブリカ』の要請で同紙にイタリア語訳で発表された、狂牛病についてのレヴィ＝ストロース教授の小論文が、昨年フランス語のオリジナル原稿で、フランスのある家畜愛護運動の機関誌に掲載された。フランスの一般読書人の目にもほとんど触れないこの機関誌掲載の論文のコピーを、昨年秋パリでレヴィ＝ストロース教授にお会いしたとき、教授は私の関心を知っていて渡してくれた。カニバリズムにまで広がる人類的視野の問題を、レヴィ＝ストロース教授一流の知的諧謔を交えた筆致で論じていて、そのまま私の手元にだけ置くのは惜しいと思った。折しも、教授の名著『悲しき熱帯』の旧訳が新しいシリーズで中央公論社から刊行されるときでもあったので、月刊誌『中央公論』四月号に、私が和訳し短い解説をつけて掲載した（「狂牛病の教訓」）。七年前に書かれたこの論文で、レヴィ＝ストロース教授は、狂牛病は人間がウシに共食いを強いた報いであり、節度なく拡大されたカニバリズムを反省すべきときが来ていると、人類の驕りを戒めている。

日本ではまだ狂牛病は発見される前だったが、この短い論文が提起する広く深い問題は、予想しなかった大きな反響を呼んだ。本書のいくつかの論文も、これを引用している。今の私の議論とのつながりに限っていえば、レヴィ＝ストロース教授はこの論文で、食と性の規制における「同類」設定のあり方を重ね合わせて捉えようとしており、人間にとって根源的なこの二つの欲望は、世界の多くの俗語でも共通の寓意で表現されていることを指摘している。この食と性の重なり合いが、社会によって異なるやり方でいかに分節されるか、つまり「同類」の範囲がどのように設定されるかは、生物の個と類のパーペチュエイションへの社会の規範がどのように定められるかということであり、それは私たちのシンポジウム、そしてこの本の、根本課題に他ならない。

「狂牛病の教訓」のオリジナル原稿をいただいたときも、翌年四月にこの学際的シンポジウムが企画されていることをお話したのだが、先にも述べたように、本書の草稿がぎりぎりで出揃ったとき、私がパリへ行く機会があり、直前だったが電話で面会をお願いすると、私の希望した日に、快く自宅での夕食に招いて下さった。かつては、パリ十六区のシックなアパルトマンにある教授宅の夕食会は内外の学者や芸術家が招かれてサロン風に賑やかだったが、現在満九十三歳の教授は、数年来、ごく限られた近親者と私などしか自宅の食事には招かないという。その意味では、私は以前の「サロン」にも加えられていたが、今度は近親者と同じ「同類」に入れられたのであろう。早めの夕食のあとたっぷり一時間、教授は書斎で向かい合って、私の話し相手になって下さった。

先に述べたこと以外での、この議論に関わりのある教授のお話を二点にしぼって記せば、次のようになる（レヴィ＝ストロース教授は、最新の内外の文化人類学、ボノボ研究を含む霊長類学の研究成果は勿論、近親相姦の実録秘話といった類の通俗読み物にも、実によく目を通しており、衰えない知的好奇心の旺盛さと記憶の明確さには圧倒される）。

［1］霊長類学の研究成果は、それ自体として尊重すべきものではあるが、サルの意識や規範が明らかにできない現状では、ヒトの近親相姦のタブーの解釈に根本的な変更をもたらすとは思わない。

（川田コメント――私も確かにその通りだと思う。ただ、今何か結果が出ているのではないし、明確な見通しもすぐにはもてないが、例えば本書で小馬さんが出しているようなボノボ的な性行為の志向性というものを、当面は彼らの意識や価値観は知り得ないままに、広い意味でヒトの問題を考える参考とすることはできるのではないか。だがそれには、先にも述べたように、ボノボ社会の営みを「異文化」として研究する方法を模索することが、先決かも知れない。）

［2］人類に普遍的なのは、インセスト（近親相姦）のタブーではなく、インセストだ。それには二つ

の種類がある。弱者のインセストと強者のインセストだ。弱者のインセストは、実録秘話などにも描かれているような、庶民の日常的な場で明確な意図なしに、ふとした成り行きで起こるもの、あるいはごく近い肉親間のインセストでないまでも、同じ村内で気心が知れているとか財産の分散を防ぐためなどで起こる。強者のインセストは、古代から王族などがその聖性や特権を保持するために、あるいは政略的に、意図して行われるものだ。ヒトの婚姻は、基本的にはすべてインセストであり、ただその度合いを、ヒトは社会によって異なるやり方で決めて規範化しているに過ぎない。南フランスの古い箴言にも「結婚するなら村うちで、できればそれも近所同士、もっといいのはウチ（maison）のうち」というのがあるが、弱者のインセスト願望をよく表している。

（川田コメント――インセスト・タブーを交換論によって理論化した学者としてのレヴィ＝ストロース教授の裏側というより、その理論の大前提になっているものを、私たちが本書で問題にしたことを聞いたうえで、ややユーモラスに示してくれたというべきだろうか。人類に普遍的とする二種類のインセストの考え方なども、多くの示唆を含んでいるし、こういうことを当意即妙でよどみなく話すレヴィ＝ストロース先生は、やはり大変な学者だという思いを新たにした。）

＊

日本でも狂牛病の三頭目の牛が発見され、これが最後という保証もないままに、牛肉をめぐる社会不安は、梅雨前線のように日本列島のうえに停滞したままだ。レヴィ＝ストロース教授が狂牛病にかこつけて人類の驕りに警告を発したそのメッセージが日本語で読まれ、狂牛の発見で現実味を帯びたのとまさに時を同じくして、アメリカでのテロ事件と、それに対する報復戦争が始まった。

狂牛病は、食と性における人類の「同類」の範囲の決め方に、根源的な問いを投げかけているが、国際テロと、軍事報復とその支援の国際的なひろがりは、敵味方という意味での「同類」の境のつけ方がきわめてむずかしい状況に、人類を追い込んでしまった。思えば一九四五年八月、日本が降伏して第二次大戦が終わって以来、主権国家同士が宣戦布告して始まる国際法上の「戦争」は一度もない。それでいて、勝ち負けのはっきりしない多くの軍事紛争と軍事行動があり、夥しい数の爆弾やロケットや地雷で多くの人が殺されてきた。その状態は、国際テロをめぐる紛争のなかで、さらに混迷を深めながら進行し、拡大しているのではなかろうか。

十九世紀ヨーロッパ・モデルの国民国家が、第二次大戦後の旧植民地の独立で人類史上初めて世界を覆いつくしたあと、ほかならぬその事実が桎梏となって、「同類」の境が不明確な「民族」に名を借りた紛争が頻発するようになった。初めに述べた「己」が制度的に拡大された、忠誠のよりどころとしての、境界の明確な「領域国家」を単位とする、勝敗も明確な戦争の時代は、もう終わったのかも知れない。地球環境との関連でも、「同類」の範囲を拡大した種間倫理が緊急に求められる一方で、家族や「イエ」や国家などかつての「同類」の意識は、急速に消滅しつつあり、性をめぐる価値観も変質している。

そんな世界状況のなかで、脱皮と変身の蛇の歳を終わろうとする今、性をめぐる人間の業《ごう》をラディカルに問い直そうという意図に貫かれた本書を世に送るのも、無意味ではあるまい。

［二〇〇一年一二月三日記］

**注**

（1）西田利貞・川田順造「対談エッセイ・新しい人間の風景（中）――サル社会・ヒト社会、霊長類の多様性と普遍性」『エコノミスト』六一巻三五号、一九八三年、毎日新聞社、四〇～四八頁。

（2）この点についての西田さんの業績は数多いが、一般に読める形でまとめられている著書として、『人間性はどこから来たか――サル学からのアプローチ』一九九九年、京都大学学術出版会、がある。

（3）高橋睦郎（監修）『禁じられた性』潮文庫、一九八四年、潮出版社、二一六～二一七頁。

（4）この小文の一八～一九頁にも、「大母神と小さ子（息子でありながら、地母神に豊饒をもたらす）」のいくつかの例を挙げたが、拙稿「肖像と固有名詞――歴史表象としての図像と言語における意味機能と指示機能」『アジア・アフリカ言語文化研究』四八・四九合併号、東京外国語大学アジア・アフリカ言語文化研究所、一九九五年、四九五～五三七頁（拙著『人類学的認識論のために』岩波書店近刊、所収）でも論じた。新しい生命を産み出す基盤ないし器としての母性＝大地と、そこに生命の種子を植え付けるものであり、同時に母性＝大地から産み出されるものでもある穀精＝穀粒の、屈折した、だが極めて「自然な」結びつきは、農耕民に限らず、植生のサイクルに注意する採集狩猟民にとっても、生命活動の根源的原理と映るのではないかと思う。ヒトにおいても、実生活とイマジネーション・表象の両面で、母＝息子（同時に母の夫）の結びつきが提起する問題は、他のインセストとは別に論じられるべき意味をもつのではないか。今後の探究を期したい。

（5） 桜井万里子『古代ギリシアの女たち――アテナイの現実と夢』中公新書、一九九二年、八四～九六頁。

（6） 現代フランスの文化人類学者で、近親性交とそのタブーについて多くの研究を発表しているフランソワーズ・エリティエさんは、塞の神と兄妹相姦の結びつきについて、関係を同類のうちで「閉鎖する」(boucler) という観念が共通して働いているのではないかと私に話してくれたが、興味深い見方だ。

（7） 異類婚姻譚の異文化間比較については、拙稿「昔話における人間と動物」、川田『西の風・南の風』、河出書房新社、一九九二年、一五一～一八五頁、や「言語表象における動物の寓意」、国立歴史民俗博物館（編）『動物と人間の文化誌』吉川弘文館、一九九七年、一三一～一六七頁参照。

（8） チンパンジーとのコミュニケーションの実験で有名なガードナー夫妻の方法への疑問も含めて一九七二年に発表した小文（拙著『曠野から』、「生きものたち」の章、はじめ筑摩書房発行の月刊誌『展望』に発表、のち、単行本として筑摩書房、中公文庫などで刊行）以来、私なりの立場からくりかえし人類中心主義 (anthropocentrism) を批判し、しかし同時に、人類の生活における人間尊重の価値志向 (human-centered value orientation) の必要を主張してきた。拙文「人間中心主義のゆくえ」、川田他（編）『反開発の思想』「岩波講座　開発と文化」第三巻、一九九七年、一～一六頁、J. KAWADA *The Local and the Global in Technology*, UNESCO World Culture Report Unit, Paris, 1999. など。

# I

［最先端の自然人類学・文化人類学の知から］

＊〝進化した戦略〟は兄妹交配の完全回避か？　それとも〝低い確率で〟それを行なうことか？

# 「間違い」ではなく「適応」としての近親交配

青木健一

よく知られているように、古代エジプトの王と女王は、夫婦であると同時に兄妹（以下、姉弟であっても、兄妹と呼ぶことにする）であることが稀でなかった。たとえば、プトレマイオス朝には兄妹婚が七例見られる。王家の近親性交は別格であり、他の地域からも報告されているので、これだけのことならエジプトを特別視することはない。ところが、ローマ期（プトレマイオス朝崩壊直後の）エジプトでは、兄妹婚の習慣が庶民の間に普及していた。ローマ帝国はその属領となったエジプトで、綿密な人口調査を一四年ごとに実施していた。この人口調査に対する世帯主の申告が、パピルスに書かれたギリシャ語の文書として三〇〇通ほど残っている。一二一組確認できた夫婦の内訳は、一一〇組が全血の兄妹、四組が半血の兄妹、二組がいとこ、九五組が非血縁者であった。驚くべきことに一二一分の二〇、すなわち約六分の一が父母双方を同じくする（*homopatrios kai homometrios*）兄妹の間の婚姻（*gune kai adelphe*）であった[1]。寿命が短いうえ、年下の妻が好まれた事情を考慮すると、兄妹婚の頻度はおそらくこれ以上ありえないという限界に達していただろう[2]。

現代国家で近親性交が露見する頻度について少し述べよう。サンフランシスコに住む一八歳以上の女を面接したところ、九三〇人中四二人（四・五％）が父親から性的虐待を受けていた[3]。実父より義父のほうが加害者になり易いことは英米両国に共通する知見であるが、イギリスでは実父のほうが性交にいたる可能性が高いと推定されている[4]。ちなみに、イギリスおよび合衆国諸州では、夫婦を除く核家族内の性交は犯罪である[5]。一方、ニューイングランド地方の大学生七九六人を対象にした兄妹間の性的体験の調査では、一三％が何らかの経験ありと回答しており、性交（既遂または未遂）にいたるケースも三八例（四・八％）あった。[6] 体験時の年齢分布は、三歳から一九歳以上であった。また、カナダの大学生の五・二％が兄妹間の性交を経験しているという報告もある。[7]

## 1 鳥類と哺乳類は、きつい近親交配を回避しているのか

近親者と交配をする性向は、生物の系統間で大きく異なる。[8] きつい（親子、兄妹など血縁が特に近い個体間の）近親交配は、一部の植物や昆虫で日常的に行われているが、鳥類や哺乳類では稀である。ヒトを理解するうえで特に興味深いのがアフリカの類人猿である。チンパンジーの場合、性的に成熟した雄が母親と交尾することはめったに（しかし皆無で）ない。[9] ほとんどの（しかし全員でない）雌は、自分が生まれた群れで父親ほどの年齢の雄から求愛されたとき、これを断る。また、兄妹間の交尾の頻度は低い。[10] 一方、ゴリラでは父方半兄妹の間の交配は珍しくない。[11][12]

鳥類および（ヒトを含む）哺乳類には、きつい近親交配を回避するための生得的な機構が備わっているといわれる。どのような機構が提唱されているかというと、家族の構成員が互いを認知することにより、家族内の近親交配が能動的に回避されるという。また、認知されない場合でも、雌雄の移動分散様式が異なれば、性的成熟に達した兄妹が出会うことが少ない。たとえば、オグロプレーリドッグでは両方の機構が作用しているといわれている。[13] プレーリドッグの息子は生まれた縄張りから移出す

るが、娘はそこに留まる。娘が成熟する前に、父親が縄張りを離れたり、追い出されたりすることがある。父親がなかなか出て行かないときには、娘の発情が起こりにくい。発情した雌は、生まれた縄張りで親交のあった雄を避ける。にもかかわらず、父娘の間の交配が見られた。また、驚くべきことに、きつい近親交配の観察数は、プレーリドッグが無差別に交配していると仮定した場合と有意差がなかった。

任意交配の帰無仮説*は、ウタスズメを対象とした配偶者選択の研究でも棄却されなかった。[14]四七九組中一八組（三・八％）のつがいが、核家族内の近親交配であった。その内訳は、六つがいが同じ巣で育った完全兄妹、一〇つがいが違う巣で育った完全兄妹、二つがいが母息であった。現実の集団は（集団遺伝学で用いられる理想的な無限集団と異なり）個体数が有限であるため、交配がまったく任意（無差別）に行われている場合でも、きつい近親交配が低い頻度で起こることが期待される。ウタスズメで観察された一八組のつがいは、この期待と矛盾しない。

＊　統計学では帰無仮説と対立仮説をたて、前者が棄却された場合にのみ後者を採択する。研究者が主張しようとしている考えは、対立仮説である場合が多い。ウタスズメが近親交配を回避しているというのが、ここでの対立仮説である。

ガラパゴスフィンチの研究からもやはり、近親交配が回避されているという証拠が得られなかった。[15]ところが、配偶者選択における歌の役割を後日分析したところ、繁殖二年目の雌には、父親の歌と異なる歌を持った雄と交配する傾向が見られた。一方、繁殖初年の雌は、歌による差別をしない。この鳥の歌は父親から息子に文化伝達されるので、父親以外の近親者も認知して回避できることになる。ガラパゴスフィンチは、きつい近親交配を回避するすべを持っているにも関わらず、総じてそうしているかどうかは明らかでない[16]。

きつい近親交配を回避するための機構が、ニホンザル[17]、アフリカライオン[18]、ドングリキツツキ[19]などでも検証されている。したがって、少なくとも一部の鳥類や哺乳類には、きつい近親交配を回避するための生得的な機構が備わっているのかもしれない。しかしながら、低い頻度の（核家族内の交配を含む）きつい近親交配が、ウタスズメ、ガラパゴスフィンチ、オグロプレーリドッグ、類人猿、ヒトなどで広く観察されるのも事実である。どんな機構も完全無欠でないためにきつい近親交配は間違いとして起こっているのだ、と一蹴することもできよう。反面、近親者と低い確率で（たとえば、血縁による差別をしないで）交配するように進化している、と主張することも十分に可能である。本稿の目的は、この後者の考え方を詳しく検討することにある。

よく知られているように、家畜、実験用のげっ歯類、動物園の野生動物、およびヒトでは、近交弱勢が見られる[20]。すなわち、近親交配によって生じた子の適応度（生存力および繁殖力）が、異系（非血縁者同士の）交配によって生じた子の適応度よりも低い。近交弱勢の大きさは、二者の適応度の差を後者の適応度で割った商と定義され、多くの場合、ある年齢までの生存率を比較することにより推定される。両親が近縁であればあるほど、生まれた子の近交弱勢が大きい。とりわけ、核家族内の交配による近交弱勢の大きさは、三八種の飼育下の哺乳類で平均すると三三%である[21]。三子に一子が近交弱勢によって死亡する計算である。ヒトでは、父娘または兄妹の間の近親性交に二九％の近交弱勢が伴う。ただし、この数字は罹病率も含むので、近交弱勢が過大に推定されている可能性がある。[22] 一方、野生の鳥類や哺乳類を対象とした研究からは、統一的な知見が得られていない。すなわち、ウタスズメ、[23] シジュウカラ[24]などでは近交弱勢が検出されるが、ガラパゴスフィンチ、[15] オグロプレーリドッグ、[13] ミナミコビトマングース[25]などでは近親交配による繁殖成功度（適応度）の統計的に有意な低下が見られない。

近交弱勢があるならば、近親者と交配することは明らかに不利である。血縁の近い相手ほど、近交弱勢が大きいため、不利益も大きい。したがって、近交弱勢が見られる種では、他の条件が等しければ、きつい近親交配を回避するための機構が進化しても不思議でない。一方、植物には自家受粉をするものがあり、昆虫には日常的に母息または兄妹の間で交配をするものがあることから、近交弱勢に見合うだけの利益が近親交配にあることが示唆される。また、植物や昆虫と事情が異なるであろうが、鳥類や哺乳類にも次に述べるような近親交配の利点が見出せる。したがって、近親交配の回避機構が進化するか否かは、利益と不利益の相対的な大きさによって決まる、と考えられる。

第一に、非血縁者よりも血縁者との間に儲けた子のほうが、自分との血のつながりが濃い。換言すれば、非血縁者よりも血縁者との間に儲けた子のほうが、自分の遺伝子のコピーを多く受け継ぐことになる。その結果、生存する子数が近交弱勢のために減っても、子を媒体として後代に残せる遺伝子のコピー数が多くなる可能性がある。したがって、近親交配をすることは、配偶者となった血縁者が第三者との交配の機会を失わない限り、遺伝的に有利な選択になりうる。この論理は、（血縁淘汰の立場から）包括適応度の概念を用いて表現することもできる。なぜならば、血縁者と交配することは、一種の利他行動と見なせるからである[26][27][28]（下記参照）。

第二に、生態的・経済的な条件が、非血縁者よりも血縁者同士が早くから繁殖を開始することを許すならば、生涯の繁殖成功度は匹敵する（あるいは後者のほうが勝る）可能性がある。現代社会における結婚年齢は、夫婦が非血縁者である場合よりいとこ（一般に血縁者）である場合のほうが低い。このためであろうか、いとこ婚の出生率は相対的に高い[29]。ローマ期エジプトの兄妹婚は、若い夫婦が多い。よって、非血縁の男女より兄妹のほうが早く結婚していた可能性がある[1]。なお、八人の子が生存している多産な兄妹夫婦も見られる。前出のウタスズメは、繁殖開始年齢を下げるために近親交配をしているといわれている[14]。

さて、本稿では兄妹交配に焦点を合わせることにする。すでに述べたとおり、鳥類や哺乳類で兄妹交配の頻度は低い。哺乳類の一員であるヒトも同様であり、夫婦を除く核家族内の性交および婚姻は、古今東西ほとんどの社会で禁止され、またおおむね回避されているといわれる[30]。現代のイギリスや北米で露見する父娘・兄妹相姦の頻度はともに約五％であり、これは意見の分かれるところであろうが、低いと見なしても差し支えないように思われる。一方、ローマ期エジプトで兄妹婚が制度化されていた理由は分かっていないが、人類史上例外的な現象であったと考えられる。

以上の考察を踏まえて問題の核心の所在を探ると、次のような問題の設定の仕方が妥当であることが分かる。すなわち、鳥類や哺乳類で進化した性向（戦略と呼ぶこともできる）は、兄妹交配の完全回避なのか、それともそれを低い確率で行うことなのか、である。前者の立場をとると、低い頻度で観察される兄妹交配は、回避機構の「誤作動」が原因であると見なされる。後者の場合、これは適応であると解釈できる。

どういう条件下でどちらの性向が進化するかを具体的に示すため、筆者らは、近親交配の利益と不利益を取り入れた二つのモデルを立て、これらを集団遺伝学の方法を用いて厳密に解析した。[31][32] 二つのモデルは、「番外交配モデル」と「早期繁殖モデル」と呼ぶことにしよう。本稿では、モデルの仮定および予測を簡単に報告するに留める。二つのモデルに共通する仮定として、個体は遺伝的に一倍体（半数体）であるとし、遺伝子型aの個体は兄妹交配を完全に回避し、遺伝子型Aの個体は兄妹交配を低い確率で行うとした。鳥類と哺乳類は（半数体の配偶子が接合してできる）二倍体である。しかし、アカパンカビのような一倍体であると見なしても、兄妹交配によって親子間に特別に濃い血のつながり（両親が非血縁者の場合に比べて一・五倍）が生じる点に変わりはない。よって、計算を御しやすくするために導入したこの仮定が正当化される。また、配偶者の選択を決定するこの遺伝子は、雌のみで発現すると仮定する。多くの種で、雄よりも雌のほうの選り好みが厳しいという事実を、この仮定は反映している。

雌が兄と低い確率で交配するには、具体的にどのような方針に従って行動すればよいのか。もっとも単純な戦略が、配偶者との血縁に無頓着であることである。この場合、現実の有限集団ではすでに述べたとおり、兄妹交配が低い頻度で起こることになる。第二の可能性として、兄を受け入れるか否かが、性的志向を方向付けるスイッチの切り替えによって、受動的に決まる場合が考えられる。後ほどウェスターマークの仮説を取り上げるが、その検証を目的としたウォルフらの研究から得られた知見は、ヒトで後者の機構が作動していることを示唆している。

## 2 番外交配モデル

このモデルではさらに次の仮定をする。つがいは、娘と息子を一個体ずつ生む。異系交配から生じた子のすべてが生殖年齢まで生存するが、兄妹交配から生じた子の中の割合dが早死にする。よって、dが近交弱勢の大きさである。生存したすべてのa雌およびほとんどのA雌が、非血縁の雄と交配する。生存した残り（少数）のA雌は、兄と交配することを望む。しかし、その兄が生存しなければ叶わなく、兄が早死にしたときには非血縁の雄と交配するか、あるいは交配を断念するしかない。妹と交配した雄の中の割合gは、非血縁の雌と交配することが許されない。それ以外のすべての雄は、異系交配をする雌を巡って対等に競争する。

これらの仮定より、遺伝子型Aの頻度が増加するための条件として、$3d<1-g$を得る。すなわち、この不等式が満足されるならば、兄妹交配は、完全に回避するより低い確率で行うほうが、差し引き有利になるのである。左辺のdは近交弱勢の大きさであるから、当然これが小さいほど兄妹交配が進化しやすい。一方、右辺の$1-g$は妹と交配した雄がさらに非血縁の雌との交配を許される確率であるか

ら、逆にこれが大きいほど兄妹交配が進化しやすい。

妹に受け入れられた雄は、少なくとも一回の交配が約束される。もし g=0 ならば、この雄は、異系交配をする雌を巡る競争に他の雄と対等に参加できる。この場合、不等式は d<1/3 という簡単な形に表せる。一般的な条件 3d<1−g は、パラメータ g の値が大きいほど満足するのが難しい。とりわけ g=1 ならば、右辺がゼロになることから d がどんなに小さくても成立しない。したがって、厳密に一夫一妻が守られている種では兄妹交配が進化しえない。また、不等式が満足されるためには、d が三分の一未満でなければならない。興味深いことに、兄妹交配による近交弱勢の大きさは、三八種の飼育下の哺乳類の平均が偶然にも三三%である。[21] ヒトの場合、近交弱勢がこれより小さいこと[22]と、ほとんどの社会で実質的に一夫多妻が行われていること[33]から、低い確率で兄妹交配を行う性向が進化するための条件が、満たされているかもしれない。

ところで、不等式 3d<1−g は集団遺伝学の方法で求めたが、包括適応度の論法で直感的に示すことも可能である。実際、g=0 または g=1 の特別な場合については、後者の方法によるメイナード・スミスらの先行研究がある。[26][27][28] まず、ハミルトンが提唱した包括適応度という便利な概念について紹介しよう。[34] 血縁者間の相互作用がある場合、集団遺伝学の基本的な量である適応度は、一般には定義することが難しい。なぜならば、個体の適応度はその個体自身の行動および周囲の同種個体の行動によって多元的に決定されるからである。それに対して、個体の包括適応度は、その個体のみの行動に着目して定義されるもので比較的取り扱いやすい。すなわち、その個体が被る「損失」および周囲の同種個

体に与える「利益」に基づいて計算される量である。ただし、その個体が被る損失にはその個体自身との間の近縁係数(すなわち一)を、また他個体に与える利益には他個体との間の近縁係数を、掛けなければならない。なお、ここでいう近縁係数とは、個体間の血縁の近さを表すパラメータである。

さて、非血縁者と交配したときの包括適応度、および兄と交配したときの包括適応度を、具体的に計算してみよう。検討中のモデルでは、ほとんどの雌が非血縁者と交配するという仮定がある。すなわち、ほとんどの兄妹が異系交配から生じるわけであるから、兄妹間の近縁係数は約二分の一となる。また、異系交配をする雌とこれを巡って競争する雄の数がほぼ等しくなるため、これらの雄は平均一回の交配が確保できる。よって、(兄を拒否し)非血縁者と交配する雌の包括適応度は、自身の子が二名(損得なし)、兄の子が二名(損得なし)であることから、2−2×(1/2)=3となる。一方、兄と交配する雌の包括適応度は、自身の子が2(1−d)名(損失2d)、兄に与える子が2(1−d)名(純利益)、さらに兄が異系交配によって得る子が2(1−g)名(損失2g)であることから、2(1−d)+2(1−d)×(1/2)+2(1−g)×(1/2)=3(1−d)+1−gとなる。ただし、それぞれの式の中で兄の子数に掛かる(1/2)なる量は、兄妹間の近縁係数である。兄妹交配が有利となるのは、兄と交配する雌の包括適応度が非血縁者と交配する雌の包括適応度より大きいときである。すなわち、3(1−d)+1−g>3から3d<1−gを得る。

# 3 早期繁殖モデル

兄とつがったほうが早くから繁殖を開始できるというのがこのモデルの前提である。集団遺伝学的にこの前提を表現するためには齢構造を導入する必要がある。そこで、三つの齢（零歳、一歳、二歳）が存在するもっとも簡単な状況を考え、次のような仮定（一部省略）をした。雌は、兄となら一歳からつがうことができるが、非血縁者とつがうためには二歳になるまで待たなければならない。よって、兄とつがった場合は二回まで繁殖の機会があるが、非血縁者とつがった場合は一回きりである。ただし、近交弱勢があるため、二歳の雌の出生率は、非血縁者とつがった場合より兄とつがった場合のほうが低い。同数の雌雄が生まれる（零歳の性比は等しい）が、一般には齢別死亡率が雌雄で異なるために一、二歳の性比にずれが生じる。雄が不足したときは一夫多妻が許されるが、逆に雄が過剰のときは一夫一妻が守られる。生存したすべてのa雌およびほとんどのA雌が、二歳になってから異系交配をする。残りのA雌は、一歳のときに兄とつがう。すなわち、遺伝子型Aの雌は低い確率で兄妹交配を行う。

これらの仮定より、遺伝子型Aが完全に広がるための条件が二つ得られる。一つは、雄の幼時（零歳から一歳までの）死亡率が極めて高い場合である。この条件が成立するときになぜ兄妹交配が有利であるかについて、残念ながら直感的な理解はない。もう一つは、齢別死亡率および「再婚率」に性差がなく、零歳の雌の繁殖価が非血縁者と交配するより兄と交配したときのほうが高い場合である。二番目の条件について説明しよう。

零歳の繁殖価は、人口学でいう純再生産率に似ている。純再生産率とは、ある年齢までの生存率にその年齢の出生率を掛けたものを、すべての年齢にわたって合計した量である。一方、零歳の繁殖価を計算するには、各年齢の寄与（生存率と出生率の積）に重み付けをする。個体数が増加している場合は若齢の寄与が、減少している場合は高齢の寄与が、それぞれ強調される。検討中のモデルでは兄と交配することによってのみ一歳で繁殖できるわけであるから、個体数が増加しているときほど兄妹交配の利益が大きい。

ヒトの場合、血縁関係にある男女のほうが相対的に低い年齢で結婚する傾向が見られる。[1][29] よって、低い確率で兄妹交配を行う性向が進化するための条件が、満たされているかもしれない。

## 4 ウェスターマークの仮説

ウェスターマークはすでに一八九一年に、「幼少の頃からきわめて親密に育った人々の間に、性交に対する生得的な嫌悪が存在する」と述べている。[35] これは、近親の男女が自動的に性交を避けるという意味ではない。幼少の頃から一緒に育った男女は、血縁の有無に関わらず、成人するとその相手と性交をしたがらないというのである。ただし、幼児・少年期に親交のある男女とは、普通だと年齢差の小さい兄妹である。したがって、この仮説は年齢差の小さい兄妹に主に当てはまり、その間で性交が自然に回避されると主張していると解釈できる。

ウェスターマークの仮説を支持する有力な証拠が、台湾のシンプア（媳婦仔）の研究から得られている。台湾は一九四五年まで日本の統治下にあったが、植民地政府が行ったことで研究者からすれば幸いなことは、住民の戸籍を丹念につけていたことである。当時の台湾には、将来の嫁として幼い女児（ときには乳飲み子）を養女にとる習慣があった。シンプアと呼ばれるこの女児は、養親の実子である将来の夫とともに、兄妹同然に育てられた。そして年頃になった若い二人は、無理やり結婚させられた。これがマイナー婚と呼ばれる制度である。一方、メジャー婚の場合、実の父母によって育てられた年頃の娘が嫁入りをする。メジャー婚で結ばれる若い二人は、見合いの席で初めて出会うケースが多かったらしい。双方の両親に決定権があるため、やはり本人の意思に関係なく結婚させられた。

これに着目したウォルフという人類学者は、もしウェスターマークの仮説が正しければ、マイナー婚で結ばれた夫婦の間に性的不満が存在するはずで、たとえば離婚率や出生率に反映されるのではないかと推理した。（メジャー婚、マイナー婚はウォルフの命名である。）戸籍資料に当たったところ、予測通りマイナー婚のほうがメジャー婚に比べて離婚率が高く、出生率が低かった。また、いわゆる不倫の風聞もマイナー婚のほうが多かった。[36][37][38]

実の兄妹を対象に、ウェスターマークの仮説の検証を試みた研究もある。すなわち、兄妹の少なくとも片方が一一歳に達したときの性交（既遂または未遂）の有無を、兄妹がともに一〇歳未満のときに一年以上別居したか否かにより分けた二群で比較している。その結果、同居群の一四九組中三七組（二四・八％）で性交が見られたのに対して、別居群では有意に多い二一組中一七組（八一・〇％）であった。[39]なお、全体的に頻度が高い理由は、新聞広告で募集した兄妹性交の体験者が含まれるからである。

これら自然の実験は、幼少の頃から一緒に育った男女の間で、性欲が多少なりとも抑制されることを示している。しかし、幼児・少年期を一緒に過ごす効果が絶対的でないことも明らかである。実際、マイナー婚の夫婦は、両親による強制があったにせよ、平均五人以上の子を生んでいる。また、最近の著書の中でウォルフ[40]は、「潜在的な性的パートナーと一緒に育てられた経験に対する感受性の（生得的な）差」について議論している。「マイナー婚を念頭に育てられたカップル」の中には、「一歳または二歳ほどの若齢で引き合わされた」にも関わらず、「互いに性的に無関心でない」夫婦もあった。すなわち、ウェスターマークの仮説はどうやら大筋において成立するが、注意を怠るとかなりの個人差を見落としてしまう危険もありそうである。

これは本稿で展開している議論においてきわめて重要な点なので、説明を加えよう。ウェスターマークによれば、兄と妹が互いに性的に引かれるのは、別居していた場合に限られる。普通だと兄妹は一緒に育つことから、兄妹性交は特殊な条件下で起きる間違いと位置づけられる。しかるに、上述の例外的なマイナー婚はもとより、性的に結ばれた実の兄妹の中にも、幼児・少年期をずっと一緒に過ごした者が含まれる。ウェスターマークの仮説を救済するためには、同居はしても親交が足りなかったなどと言い逃れをすることもできよう。しかし、このような穿った解釈をするよりは、生育の条件に関係なく低い確率で兄妹性交をする性向がある、と考えたほうが分かり易い。すなわち、スイッチが兄を受け入れるほうに倒れた女は、マイナー婚や兄妹性交を苦にしない。一方、スイッチが兄を受け入れないほうに倒れた女は、(ウェスターマークの仮説どおり)幼児・少年期を一緒に過ごしたために「兄」と認知した男と性交することを嫌がる。

では、幼少の頃から一緒に育つことにより回避が起きるのは、どのような至近要因が作用してなのであろうか。これについてはほとんど分かっていないが、一つの可能性として主要組織適合性複合体(MHC)の役割が注目されている。MHCとは脊椎動物の免疫系の中で自己と非自己の認識に深く関わっている分子である。MHCには遺伝的に決定されたきわめて多数の型が存在し、MHC型が異なる個体は体臭も異なることが知られている。[41][42] そこで、一緒に育った家族のMHC型に対し、体臭を介して「負の刷り込み」が起きると考えれば、ウェスターマークの仮説は説明できる。実際、ハツカネズミは育ての親と同じ(似た)MHC型の相手との交尾を避けるし、[43] ヒトもMHC型を配偶者選択の一基準に用いている可能性がある。[44][45] ただし、日本人夫婦のMHC型の組み合わせからは、そのような証拠が得られない。[46]

また、母乳にMHC分子が含まれることから、同じ女が授乳した子達に同じ匂いがつき、匂いを共有した記憶が子達の間で性的な無関心を生むともいわれる。[47] これは現状では受け入れがたい考えであるが、明確な予測が出てくる点が魅力的である。すなわち、別々の乳母に育てられた兄妹の間には回避が見られないはずである。[48]

# 5 インセスト・タブー

ウェスターマークは、回避機構とインセスト・タブーの間に強い因果関係があると推論した。まず、自分が近親者と性交することに対して生得的な嫌悪を感じる。そのため、他人がそうすることを非難したくなる。さらに、非難が制度化されて禁忌が成立する、と。この筋書きを批判したフレーザーの言葉、「法は、人が本能的にしたいと思う行為のみを禁じている」[49]は、有名である。フレーザーは勿論、ヒトが近親性交を願望していると信じていた。ウェスターマークは、「自然な感情が鈍る状況もある（中略）法は、共同体の大勢の意見を表現し、これに衝撃を与える者を罰する」と反論している。自ら提唱した本能が弱いものである、と暗に認めているところが興味深い。

よく知られているように、マードックは二五〇の（主に伝統的な）社会に関する資料を用意し、（夫婦を除く）核家族構成員の間の性交および婚姻に対する規制の有無について集計した。その結果、禁じられている社会はたくさんあっても、許されている社会は皆無であった。[30] また、禁を犯したときの処罰は、追放または死罪が多いという。本稿の予測どおり、どの社会にも生得的な理由により互いに引かれる兄妹がいるならば、兄妹間の性交を禁じることに意味が生じる。

だが、核家族内の近親性交への願望は非適応的であるため、淘汰されて完全に消失しているはずだ、とする考えがパラダイムとして君臨し続けている。フレーザーに従えば、禁止則はこの場合、存在するはずのない無用の長物である。このような視点からマードックの通文化研究が見直され、禁じられているとはっきり判断できる社会の意外に少ないことが指摘されている。[50] ローマ期エジプトは、もともと「二五〇の社会」から漏れていた。婚姻に限るならば、マードックは近親の夫婦がいないという事実から、近親婚が認められていないと推論していたらしい。[51] 近親性交の禁忌が普遍的でないことは事実にせよ、「例外」は果たしてどれだけ存在するのか。

インセスト・タブーの成立については、分からないことだらけである。本稿では生物学的視点から論じるに留めたが、社会・文化的な諸説のほうがむしろ多い。二つのアプローチは必ずしも矛盾しない。たとえば、インセスト・タブーが存在する理由は、インセスト・タブーの及ぶ（性交または婚姻の相手として禁止される血縁の）範囲を決定している要因と異なるのかもしれない。後者については、社会の発展とりわけ貿易網の整備とともに縮小するといわれ、[52] 農耕開始以降の諸社会では統計的に有意な傾向が見られる。[53]

では、最終到達点ともいうべき現代国家はどうであろうか。日本の民法は、優生学的または倫理的配慮から、すべての直系血族または三親等内の傍系血族の間で婚姻を禁じている。当然、親子や兄妹は禁止の範囲に含まれる。一方、日本の刑法は近親性交それ自体を処罰する規定を置いていない。[54] フランスの法も、もはや近親性交を罪として扱わず、性的虐待から未成年者を保護することに力点を置いている。[5]（実際、父娘や年齢の離れた兄妹の間の近親相姦は、未成年者の性的虐待の様相が強い）。よって、少なくとも両国では、性を規制する刑法の任務が道徳の維持にあらずとの認識が定着しつつあるようである。また、婚姻の規制も緩和されつつある。スウェーデンでは七〇年代から半血の兄妹ならば免除されるようになっている。[5]

**注**

（1） R. S. Bagnall & B. W. Frier, *The Demography of Roman Egypt*, Cambridge University Press, 1994

（2） K. Hopkins, "Brother-sister marriage in Roman Egypt", *Comparative Study of Society and History* 22, 1980, pp. 303-354

（3） D. E. H. Russell, "The prevalence and seriousness of incestuous abuse : stepfathers vs. biological fathers", *Child Abuse and Neglect* 8, 1984, pp. 15-22

（4） M. Gordon & S. J. Creighton, "Natal and non-natal fathers as sexual abusers in the United Kingdom : a comparative analysis", *Journal of Marriage and the Family* 50, 1988, pp. 99-105

（5） M. A. Glendon, *The Transformation of Family Law*, University of Chicago Press, 1989

（6） D. Finkelhor, "Sex among siblings: a survey on prevalence, variety, and effects", *Archives of Sexual Behavior* 9, 1980, pp. 171-194

（7） I. Bevc & I. Silverman, "Early proximity and intimacy between siblings and incestuous behavior : a test of the Westermarck theory", *Ethology and Sociobiology* 14, 1993, pp. 171-181

（8） N. W. Thornhill, *The Natural History of Inbreeding and Outbreeding*, The University of Chicago Press, 1993

（9） J. Goodall, *The Chimpanzees of Gombe*, Harvard University Press, 1986

（10） A. E. Pusey, “Inbreeding avoidance in chimpanzees”, *Animal Behaviour* 28, 1980, pp. 543-52

（11） K. J. Stewart & A. H. Harcourt, “Gorillas: variation in female relationships”, in B. B. Smuts, D. L. Cheney, R. M. Seyfarth, R. W. Wrangham, & T. T. Struhsaker (eds.) *Primate Societies*, University of Chicago Press, 1987, pp. 155-164

（12） 山極寿一、私信

（13） J. L. Hoogland, “Levels of inbreeding among prairie dogs”, *American Naturalist* 139, 1992, pp. 591-602

（14） L. F. Keller & P. Arcese, “No evidence for inbreeding avoidance in a natural population of song sparrows (*Melospiza melodia*)”, *American Naturalist* 152, 1998, pp. 380-392

（15） H. L. Gibbs & P. R. Grant, “Inbreeding in Darwin’s medium ground finches (*Geospiza fortis*)”, *Evolution* 43, 1989, pp. 1273-1284

（16） B. R. Grant & P. R. Grant, “Cultural inheritance of song and its role in the evolution of Darwin’s finches”, *Evolution* 50, 1996, pp. 2471-2487

（17） T. Enomoto, “On social preference in sexual behavior among Japanese monkeys (*Macaca fuscata*)”, *Journal of Human Evolution* 7, 1978, pp. 283-293

（18） C. Packer & A. E. Pusey, “Dispersal, kinship, and inbreeding in African lions”, in N. W. Thornhill (ed.) *The Natural History of Inbreeding and Outbreeding*, The University of Chicago Press, 1993, pp. 375-391

（19） W. D. Koenig, J. Haydock, & M. T. Stanback, “Reproductive roles in the cooperatively breeding acorn woodpecker : incest avoidance versus reproductive competition”, *American Naturalist* 151, 1998, 243-255

(20) R. C. Lacy, A. Petrie, & M. Warneke, “Inbreeding and outbreeding in captive populations of wild animal species”, in N. W. Thornhill (ed.) *The Natural History of Inbreeding and Outbreeding*, The University of Chicago Press, 1993, pp. 352-374

(21) K. Ralls, J. D. Ballou, & A. Templeton, “Estimates of lethal equivalents and the cost of inbreeding in mammals”, *Conservation Biology* 2, 1988, pp. 185-193

(22) M. S. Adams & J. V. Neel, “Children of incest”, *Pediatrics* 40, 1967, pp. 55-62

(23) L. F. Keller, P. Arcese, J. N. M. Smith, W. M. Hochachka, & S. C. Stearns, “Selection against inbred song sparrows during a natural population bottleneck”, *Nature* 372, 1994, pp. 356-357

(24) A. J. van Noordwijk & W. Scharloo, “Inbreeding in an island population of the great tit”, *Evolution* 35, 1981, pp. 674-688

(25) B. Keane, S. R. Creel, & P. M. Waser, “No evidence of inbreeding avoidance or inbreeding depression in a social carnivore”, *Behavioral Ecology* 7, 1996, pp. 480-489

(26) R. H. Smith, “On selection for inbreeding in polygynous animals”, *Heredity* 43, 1979, pp. 205-211

(27) J. Maynard Smith, “Models for the evolution of altruism”, *Theoretical Population Biology* 18, 1980, pp. 151-159

(28) P. M. Waser, S. N. Austad, & B. Keane, “When should animals tolerate inbreeding?”, *American Naturalist* 128, 1986, 529-537

(29) A. H. Bittles, “The role and significance of consanguinity as a demographic variable”, *Population and Development Review* 20, 1994, pp. 561-584

(30) G. P. Murdock, *Social Structure*, Macmillan, 1949

(31) K. Aoki & M. W. Feldman, "A gene-culture coevolutionary model for brother-sister mating", *Proceedings of the National Academy of Sciences USA* 94, 1997, pp. 13046-13050

(32) K. Aoki, D. Satoh, & R. P. Levy, "Theoretical aspects of brother-sister mating in birds and mammals", in K. Aoki & T. Akazawa (eds.) *Human Mate Choice and Prehistoric Marital Networks*, Nichibunken, 2001, pp. 5-15

(33) R. D. Alexander, J. L. Hoogland, R. D. Howard, K. M. Noonan, & P. W. Sherman, "Sexual dimorphism and breeding systems in pinnipeds, ungulates, primates, and humans", in N. A. Chagnon & W. Irons (eds.) *Evolutionary Biology and Human Social Behavior*, Duxbury Press, 1979, pp. 402-435

(34) W. D. Hamilton, "The genetical evolution of social behavior. I", *Journal of Theoretical Biology* 7, 1964, pp. 1-16

(35) E. Westermarck, *The History of Human Marriage*, Macmillan, 1891

(36) A. P. Wolf, "Childhood association, sexual attraction, and the incest taboo: a Chinese case", *American Anthropologist* 68, 1966, pp. 883-889

(37) A. P. Wolf, "Adopt a daughter-in-law, marry a sister: a Chinese solution to the problem of the incest taboo", *American Anthropologist* 70, 1968, pp. 864-874

(38) A. P. Wolf, "Childhood association and sexual attraction: a further test of the Westermarck hypothesis", *American Anthropologist* 72, 1970, pp. 503-515

(39) I. Bevc & I. Silverman, "Early separation and sibling incest : a test of the revised Westermarck theory", *Evolution and Human Behavior* 21, 2000, pp. 151-161

(40) A. P. Wolf, *Sexual Attraction and Childhood Association*, Stanford University Press, 1995

(41) K. Yamazaki, M. Yamaguchi, L. Baranoski, J. Bard, E. A. Boyse, & L. Thomas, "Recognition among mice. Evidence from the use of a Y-maze differentially scented by congenic mice of different major histocompatibility types", *Journal of Experimental Medicine* 150, 1979, pp. 755-760

(42) K. Egid & J. L. Brown, "The major histocompatibility complex and female mating preferences in mice", *Animal Behaviour* 38, 1989, pp. 548-550

(43) K. Yamazaki, G. K. Beauchamp, D. Kupniewski, J. Bard, L. Thomas, & E. A. Boyse, "Familial imprinting determines H-2 selective mating preferences", *Science* 240, 1988, pp. 1331-1332

(44) C. Wedekind, T. Seebeck, F. Bettens, & A. J. Paepke, "MHC-dependent mate preferences in humans", *Proceedings of the Royal Society of London Series B* 260, 1995, pp. 245-249

(45) C. Ober, L. R. Weitkamp, N. Cox, H. Dytch, D. Kostyu, & S. Elias, "HLA and mate choice in humans", *American Journal of Human Genetics* 61, 1997, pp. 497-504

(46) Y. Ihara, K. Aoki, K. Tokunaga, K. Takahashi, & T. Juji, "HLA and human mate choice: tests on Japanese couples", *Anthropological Science* 108, 2000, pp. 199-214

(47) A. P. Wolf, "Reformulating (yet again) the incest avoidance problem", in K. Aoki & T. Akazawa (eds.) *Human Mate Choice and Prehistoric Marital Networks*, Nichibunken, 2001, pp. 49-60

(48) W. Scheidel, "Brother-sister and parent-child marriage in premodern societies", in K. Aoki & T. Akazawa (eds.) *Human Mate Choice and Prehistoric Marital Networks*, Nichibunken, 2001, pp. 33-47

(49) J. G. Frazer, *Totemism and Exogamy*, Dassons, 1910

(50) N. W. Thornhill, "An evolutionary analysis of rules regulating human inbreeding and marriage", *Behavioral and Brain Sciences* 14, 1991, pp. 247-293

(51) L. Minturn & R. Lapporte, "A new look at the universal incest taboo", in I. Reyes Lagunes & Y. H. Poorting (eds.) *A different perspective : studies of behavior across cultures. Selected papers from the Seventh Conference of International Association of Cross-Cultural Psychology*, Swets North America, 1985

(52) Y. Cohen, "The disappearance of the incest taboo", *Human Nature* 1, 1978, pp. 72-78

(53) G. C. Leavitt, "Disappearance of the incest taboo : a cross-cultural test of general evolutionary hypotheses", *American Anthropologist* 91, 1989, pp. 116-131

(54) 竹内正、伊藤寧『刑法と現代社会』嵯峨野書院、一九八七年

# インセスト回避がもたらす社会関係

＊集団離脱《メイト・アウト》とインセスト回避の関係は、霊長類としての人類の進化過程でどう変容したか？

山極寿一

# はじめに

インセスト・タブーは、古くから人間家族の成立に不可欠な規範と見なされてきた。一九世紀の人類学者たちは、古代の人類が血縁を認知しない乱婚的な関係を結んでいたとし、インセストがしだいに親子や兄弟姉妹間で禁止されることによって氏族が成立したと考えた（モーガン、一九五四）。家族を女の交換を通して成立する互酬性の問題としてとらえたレヴィ＝ストロースは、インセスト・タブーが自然から文化への移行をしるす規範と見なした（レヴィ＝ストロース、一九七七）。人間社会において、インセスト・タブーは機能によって定義することができない「ゼロ・タイプの制度」（小田、一九九三）あるいは「原的な否定性」（大澤、二〇〇〇）とも呼びうるものである。なぜインセストを犯してはならないのか、その理由を説明することは結局のところできない。しかし、それが根拠の曖昧な否定として現れることによって、自然からの文化への超越が可能になり、自然の摂理を脱した人間的な社会が立ち現れると考えられてきたのである。

動物社会の比較から人間家族の成立過程を構想した今西錦司も、この規範を家族が成立するための四条件（外婚制、インセスト・タブー、男女の経済的分業、近隣関係）の一つと見なしている（今西、一九六二）。しかし、今西はインセストがすでに人間以外の霊長類においてもめったに起こらない現象であることを知っていた。動物園のサルや餌づけされ個体識別された野猿公園のニホンザルで、少なくとも母親と思春期に至った息子の間で性交渉が回避されていることが報告されていたからである(徳田、一九五五)。その後、人間以外の霊長類の社会構造を広範に比較し、その社会進化を論じた伊谷純一郎はインセストの回避が霊長類の社会構造を決める重要な要因となっていることを示唆している(伊谷、一九七二、一九八七)。ペア型、単雄複雌、単雌複雄、複雄複雌など多様な構成をもつ霊長類の社会構造は、集団への個体の出入りを許す半閉鎖的な性格をもち、双系(雌雄が集団を出入りする)、母系(雄だけが出入りする)、父系(雌だけが出入りする)に分けられる。そして、その通時的構造は結果的にインセストを回避するように現象しているというのである。

ただ、伊谷は近親間における性交渉の回避傾向が個体の出入りを左右するとは見なしていない。この二つの現象は霊長類ではそれぞれメイト・アウト、交尾回避と呼ばれ、異なる動機に基づいていると考えられているからである。メイト・アウトは思春期に達した雄や雌が自分の生まれ育った集団を離脱したり、加入した集団を再び離脱することを指す。近親者間の交尾回避がメイト・アウトを促進しているという例は少なく、むしろメイト・アウトが結果的に近親間で交尾を避けることに貢献していると考えられる。例えば母系的な集団をつくるニホンザルでは、雄は母親や姉妹などの近親者と性交渉をもつ前に生まれ育った集団を離れ、加入した集団で交尾をしてもその結果生まれた娘が思春期に達する前に再びその集団を離れると思われるからである。

レヴィ゠ストロースや今西の指摘するように、人間の社会ではこの二つの現象が楯の表裏のような関係にある。インセスト・タブーによって姉妹との婚姻を禁じられる兄が与え手となって、外部の受け手（夫）との間に女の交換が成立することが外婚制であると見なせるからである。外婚制は霊長類のメイト・アウトに、インセスト・タブーは近親間の交尾回避に由来する現象だと考えられる。では、なぜ人間の社会では交尾回避がメイト・アウトを結果するようになったのだろうか。人類が進化する過程で、霊長類の遺産であるメイト・アウトと交尾回避の関係がどう変容する必然性があったのか。それにはどんな条件や背景が必要だったのか。それをさまざまな霊長類の社会で、この二つの現象が社会関係に与える影響を比較しながら考えてみることにする。

## 1 メイト・アウトはなぜ起こるか

この現象は、集団をつくる霊長類の社会でどちらかの性が成熟する前に生まれ育った集団を離れ、他の集団をわたり歩くことを指す。雄の移動は、成長するにつれて集団内の他の雄との間で交尾相手の雌をめぐる競合が高まったり、集団外により多くの繁殖相手を求めようとすることが、主たる原因と考えられている（Moore, 1993）。しかし、ニホンザルやアカゲザルでは長年親しく付き合った雌雄の間でしだいに交尾が回避される傾向があり、それが雄の離脱を促しているという報告もある（Takahata, 1982; Manson & Perry, 1993）。これは、雌が親しい関係にある雄よりも新しく集団に接近してきた見知らぬ雄を交尾相手として好む、という傾向によって発現している。

ペア以上の大きな集団をつくる霊長類はふつう雄の方が雌よりも体格が大きいので、雌同士が交尾相手をめぐって激しく争うことは少ない。また、雌の発情期間は限られており、妊娠中や育児中の雌は発情しないことが多い。このため、いつでも交尾可能な雄と比べて、交尾可能な雌の数はいつも不足気味で、雄間に交尾相手をめぐる競合が起きやすいとも考えられる。ただ、単雌複雄の構成をもつ集団をつくる南米のタマリンやマーモセットは、例外的に雌間に交尾相手をめぐる激しい競合がある。複数の雌が集団内に共存していても最優位の雌しか交尾ができず、他の雌は去勢されたようになって発情も抑制されてしまう。交尾のできない雌は、繁殖するためにその集団を出て雄を探すことになる。ペアでなわばりを構えるテナガザルも母と娘、姉妹の間で交尾相手をめぐる競合を高め、娘たちは性成熟を迎える前に母親のもとを離れることが多い。

多くの種では、雌が集団を離れるのは繁殖相手を集団外に求めるためと考えられている。まれに雄から交尾を拒否されたり、子殺しが起きた集団を去るという場合（ゴリラ：Fossey, 1984；Stewart & Harcourt, 1987）もあるが、雌はむしろ自発的に繁殖相手を求めて集団をわたり歩くようだ。保護能力の高い雄を選んだり、見知らぬ雄に惹かれるという傾向も指摘されている（チンパンジー：Goodall, 1986; ムリキ：Strier, 1997）。

母系社会でも父系社会でも、移動する雄や雌は生涯に二度以上移籍すると考えられている。最初は生まれ育った集団からの離脱で、父母、兄弟姉妹といった近親者との離別を意味する。二度目以降はその後加入した集団からの離脱で、交尾相手や自分の子どもたちとの離脱である。雌雄の違いは、最初に離脱した後に顕著に現れる。まず、集団生活をする霊長類種では雌は単独で暮らすことはない。そのため、雌は離脱後すぐに別の集団へ移籍する。一方、雄は単独でしばらく暮らすか、同性の仲間だけで集団をつくるなど、雌より選択の幅が広い。また、雌は出産すると移籍しなくなる傾向がある。子育てをする雌にとって顔見知りの仲間と暮らす方が安全であるためと、授乳中は発情が抑制されているためであろうと思われる。集団間を移籍する雌の大半は、乳児をもたない発情可能な状態であり、雌の移籍の目的は繁殖相手を得ることであることがわかる。これに対して、母系社会の雄はあまり一つの集団に長く滞在せず、何度も移籍を繰り返す傾向がある。母系社会と父系社会を比較すると、雌の移籍が出産後に停止する父系社会の方が成熟した近親の雌雄が共存する可能性が高く、インセストの起こる機会が多いと考えられる。

## 2 近親間の交尾回避はどのようにして起こるか

さて、では血縁関係のある雌雄の間で交尾はいったいどのようにして回避されているのだろう。両生類、鳥類、齧歯類では、形、声、臭いを手がかりに生まれながらにして近親者を識別できることが知られている (Holmes & Sherman, 1983)。つまり、これらの動物は遺伝的に近親者を識別する能力が組み込まれていて、出産後すぐに近親者と離されて育ってもちゃんと血縁の近い仲間を認知できると考えられるのである。この認知能力が近親者との交尾回避に役立っていることは疑いない。ウズラは、羽毛の似ている個体を近親者として識別しており、自分と少し似ているイトコを最適な交尾相手として選ぶ傾向がある（Bateson, 1983）。ところが、霊長類では生まれつき近親者を識別する能力が欠落していることがわかってきた（Fredrickson & Sackett, 1986；Smith, 1986）。どうやら、霊長類では生まれ落ちてからの社会的経験が交尾回避を引き起こしていると思われるのである。

実は、このことは人間の社会でいち早く指摘されていた現象だった。一八九一年に『人類婚姻史』を著したウェスターマークは、一緒に育った近親者同士は性的関心を失う傾向のあることを強く示唆している（Westermarck, 1891）。ところが、この説（ウェスターマーク効果）は同時代に精神分析学を創始したフロイトによって黙殺されてしまう。幼児にも性欲があることを主張したフロイトは、その性欲がまず母や父という近親者へと向けられ、それがタブーによって叶えられないことを悟る成長過程の重要性を説いている（Freud, 1912）。近親者へ向けられる性欲は、エディプス・コンプレックスの基盤となる衝動であり、それが成長するにつれて自然に減少して回避へと変わるという考えはフロイトにとってとうてい受け入れられる説ではなかった。ウェスターマークの説は、後の人類学者たちからもほとんど無視される結果となり、人間社会における近親者間の交尾回避傾向は長い間実証されず、論議の対象にもならなかった。

ウェスターマークの説を復活させたのは、台湾における幼児婚とキブツで育った子どもたちの結婚に関する調査だった。台湾でシンプア（媳婦仔）と呼ばれるこの幼児婚は、男女ともに幼児のうちに将来結婚する相手が決められ、娘が婿になる息子の家に引き取られて一緒に育てられる制度である。シンプアで結婚した者を含む一四二〇〇人の女性を調査したウォルフは、シンプアで一緒になった女性の出産率が有意に低く、離婚率が高いことを見いだした（Wolf, 1995）。また、これらの女性は親に選ばれた相手と結婚するのを避けようとする傾向を示したという。もう一つの例はイスラエルのキブツで、ここでは家族という集団が解体され、子どもたちは親と離されて共同保育される。キブツで二七六九組の結婚を調査したシェファーによれば、同じキブツの出身者同士の結婚はそのうちわずか一三組だった（Shepher, 1971）。しかも、そのうち八組は六歳を過ぎてから一緒に育てられたカップルなので、ウェスターマーク効果が十分に働かなかった可能性があるという。キブツでは、同じキブツの出身者同士の結婚を禁止するどころか、むしろ奨励している。つまり、同じキブツで幼児の頃一緒に育った男女は、互いを適切な結婚相手と見なさなかったのである。

さらに、近年になって霊長類の野外研究が進むと、ウェスターマーク効果が人間以外の霊長類でも広く認められることがわかってきた。マカクやヒヒの仲間は母系的な集団をつくる種が多く、ふつうはメイト・アウトによって母と息子が交尾する機会は減じられている。しかし、たとえ雄が思春期以後に生まれ育った集団に残っていても、母と息子は交尾をしない（Pusey, 1990）。長年にわたって継続した調査が行われている京都府嵐山のニホンザル群では、母系的な血縁関係の三親等（叔母と甥の関係）以内の近親者間ではめったに交尾が起こらないことが判明した（Takahata, 1982）。ほとんどの種では母親を同じくする兄弟姉妹間には交尾が起こらないし、父系的な血縁でも父と娘（アヌビスヒヒ、ゴリラ）、兄弟姉妹間（タマリン、マーモセット）には交尾が起こりにくいという報告がある（Rothe, 1975; Abbott, 1984; Stewart & Harcourt, 1987; Pusey, 1990）。

なぜ、こうした近親者間に交尾が起こらないのだろうか。母系的な集団をつくる種では、生まれ育った集団に残る雄は性的な活性度が低いという報告もあるが（Packer, 1979; Henzi & Lucas, 1980）、交尾が全く抑制されているわけではない。この問いに対する答えとして最もよく挙げられているのは、「幼少期の密接な関係が交尾回避を引き起こす」という理由である。母系的な集団をつくる種では、母親を中心にして兄弟姉妹、祖母と孫、叔母と甥、イトコ同士などが結束する傾向が強く、他の家系のサルたちとけんかをするとよく助け合う。こういった親密な関係が母親と息子に見られるような交尾回避を生み出しているというわけである。

雄と子どもの間にも同じようなことが起こる。雄が幼児を熱心に世話するような種では、雌の幼児が性成熟に達したとき、この雄と交尾をしないことがわかってきた。南米に生息する小型の霊長類タマリン、マーモセットの仲間は、子どもが生まれた直後から雄が引き取って積極的に世話をすることが知られている。そして、これらの雄たちは自分が育てた雌の子どもたちとは交尾関係を結ばないのである（Abbott, 1984）。単雄複雌の構成をもつ非母系的な（雌が集団間を移籍する）集団で暮らすゴリラでも、雄が子どもと離乳期前後から親密になる傾向があり、この雄と思春期に達した娘ゴリラの間で交尾回避が起こる（Stewart & Harcourt, 1987）。さらに、アヌビスヒヒなど母系的な集団をつくる種でも、雄が特定の子どもを世話する場合には、成長した子ども（雌）とこの雄との間で交尾回避が起こることが判明した。ニホンザルでも、雄が離乳期の雌の幼児を抱き上げて運んだり保護したりすることが知られている（Itani, 1959)。ただ、野生では雄が短期間で集団を離れてしまうので、この雌の子どもが思春期に達したときに雄が集団に残っている確率は低い。しかし、嵐山に生息するニホンザルを集団でアメリカへ移住させ、大きな囲いの中に放飼すると面白い現象が見られた。ここでは、雄が自由に外へ出ていくことができない。ある雄が二歳の雌の世話を熱心にするようになり、この子どもが性成熟に達したとき、やはり交尾が起こらなかったというのである（Alexander, 1970)。つまり、母系や父系という集団の構造とは独立に、幼児期の親密な関係が性的関心を失わせるという傾向をどの種ももっていると考えられるのである。

しかし、雌と違って雄の場合は、交尾回避をする相手が自分と血縁関係にあるかどうかを直接観察で調べることができなかった。そのため、交尾回避が幼児期の親密な関係によるのか、血縁が近いことによるのかを判断することができなかった。血液からＤＮＡを採取してその組成を比較するフィンガー・プリント法が開発され、父子判定が可能になってから雄の行動を血縁関係と照らし合わせて調査できるようになったのである。その結果、驚くべきことがわかってきた。京都大学霊長類研究所の囲いのある放飼場で暮らしているニホンザルの集団で父子判定を行った結果、母と息子、同母兄弟姉妹の間には子どもが生まれていないが、父と娘、異母兄弟姉妹間では生まれていることが判明した（Inoue et al., 1991)。また、ニホンザルに近縁なバーバリマカクをドイツで囲いのある放飼場に放して観察した結果では、母系的血縁の四親等（イトコ）以内の組み合わせのうち、実際に交尾が見られたのは一割にも満たなかった（Kuester et al., 1994）。母親と息子は六六組中三組、同母兄弟姉妹でも一二三組中三組しか交尾が見られていない。一方、父子判定を行って父系的血縁内での交尾交渉を調べてみると、四親等以内の五割をこえる組み合わせで交尾が見られた。父親と娘は三八組中二〇組、異母兄弟姉妹は八五組中四四組に交尾が観察されている。これは血縁関係にない雌雄の組み合わせで交尾が起こる確率と変わらない。ニホンザルでもバーバリマカクでも、父系的な血縁内では交尾は回避されていなかったのである。

ところが、血縁とは関係なく交尾回避が起こることも明らかになった。バーバリマカクの雄は、生まれた直後の赤ん坊を離乳するまで積極的に世話を焼く。雄と子どもの間にはふつう血縁関係がない。しかし、こういった雄と子どもの雌は、子どもが成長して交尾が可能になっても母系的血縁並にほとんど交尾が起こらなかったのである（Kuester et al., 1994）。雄と幼児との接触が少なすぎても、その期間が短すぎても、幼児の年齢が高すぎても、交尾回避は起こらない。バーバリマカクの場合、一日平均三%以上の接触が生後六ヶ月間続けば、回避は発現するという。母系的血縁関係にあるサル同士には、この条件を満たす親密な接触が保たれているのだろう。すなわち、交尾回避に必要なのは実際の血縁関係ではなく、生後につくられる持続的な親和関係だということになる。

では、回避はいったいどちらの側が積極的に示すのだろう。雄か雌か、親か子供か、それとも双方が示すのだろうか。これまでの報告では、雄は性的関心を示すのに、雌が拒否するといった例が多い（アヌビスヒヒ：Packer, 1979；ニホンザル：Takahata, 1982；アカゲザル：Manson & Perry, 1993；チンパンジー：Goodall, 1986）。

しかし、バーバリマカクやゴリラ（Kuester et al., 1994；Fossey, 1983）では雄が拒否したり、双方が関心を示さなかった例が報告されているので、すべてに雌側の選択が効いているとは言えない。

タンザニアのゴンベ国立公園で長期にわたるチンパンジーの野外研究を続けているグドールは、母と息子、同母兄弟姉妹の間に交尾が起こることは希だが、雄が時として母親や姉妹との交尾に積極的な態度を示すことを報告している。どの場合も雌の方が金切り声をあげて逃げようとし、交尾にいたらないこともあったが、交尾をしたあげく射精をしたこともあったという（Goodall, 1986）。これに対して、父親と考えられる雄はその娘との交尾に消極的で、たまに性的関心を示して雌に近づいても雌が抵抗を示すとほとんどの場合交尾をあきらめている。

コンゴ民主共和国のワンバ森林では、チンパンジーに近縁な類人猿ボノボの野外研究が長期にわたって続けられている。ボノボはチンパンジーよりも性的活性度が高く、未成熟なうちから年上の個体と頻繁に性交渉をすることが知られている（加納、一九八六）。時には息子が母親の腰に乗ってペニスを挿入し、腰を動かすことがある。しかし、ここで性交渉を詳細に観察した加納は、母と息子の間ではめったに交尾が起こらず、たとえ起こっても射精に至ることはないと報告している。ボノボでは、成熟した息子がいつまでも母親を頼る傾向が強く、こうしたマザコン社会ではチンパンジーのように息子が母親に交尾を強いるといった事態にはならないようだ。

こうした事例は、積極的な求愛が雄によって行われるが、最終的な交尾の決定権は雌の手に握られているという霊長類の特徴を反映している。交尾に至るそれぞれの過程で、雌も雄も性的な関心を失うことが交尾回避につながっていると考えられる。ただ、雄の方が雌よりも近親者の性交渉に積極的になる傾向があると言えるかもしれない。とくに、父系的血縁内（あるいは雄と幼児時代に親密な関係を持った雌との間）では、雌側の拒否によって交尾が回避されることが多いと推測される。

## 3 交尾回避がメイト・アウトを引き起こす条件

これまでの報告の中にも、交尾回避が結果としてメイト・アウトを引き起こしているのではないかという推測がある（**表1**）。サバンナモンキーでは、近親者に対する性的関心を失うことが雄の出自集団からの離脱を促進していると推測されているし（Henzi & Lucas, 1980）、ヒヒでも離脱前の若い雄は生まれた集団のどの雌とも交尾ができないという報告がある（Hausfater, 1975）。アカゲザルでも、親しい近親の雌から交尾を拒否されることが雄の出自集団からの離脱を余儀なくさせていると推測されている（Manson & Perry, 1993）。

しかし、多くの報告はむしろメイト・アウトは交尾回避とは無関係に起こると見なしており、さまざまな場所で長期にわたる研究が行われているニホンザルでも両者に強い相関は見られない。おそらく、交尾回避がメイト・アウトを引き起こすには特別な条件が必要だと思われるのである。

まず、集団サイズは小さい方がいい。なぜなら、近親者以外に交尾可能な異性がたくさんいれば、

**表１　霊長類のメイト・アウトと交尾回避**

| 分類群 | 分散する性（A） | | 交尾回避を示す性（B） | | | | | 相関 B→A |
|---|---|---|---|---|---|---|---|---|
| | 移出 | 移入 | 母−息子 | 父−娘 | 母系キョウダイ | 父系キョウダイ | 育児関係 | |
| ワオキツネザル | ♂ | ♂ | ♂♀ | | ♀ | | | |
| タマリン、マーモセット | ♂♀ | ♂♀ | (♀) | | (♀) | (♀) | | |
| ニホンザル | ♂ | ♂ | ♂♀ | | ♀ | | ♀ | (＋) |
| アケゲザル | ♂ | ♂ | ♀ | | ♀ | | | (＋) |
| バーバリマカク | ♂ | ♂ | ♂♀ | | ♂♀ | | ♂♀ | ＋ |
| アヌビスヒヒ | ♂ | ♂ | ♀ | ♀ | ♀ | | | |
| テナガザル | ♂♀ | (♂♀) | ♂♀ | | | | | ＋ |
| ゴリラ | ♂♀ | ♀ | ♂♀ | ♂♀ | ♂♀ | | (♂♀) | ＋ |
| チンパンジー | ♀ | ♀ | ♂♀ | | (♂) ♀ | | | (＋) |
| ボノボ | ♀ | ♀ | ♂♀ | | ♂♀ | | | |

雄も雌も近親者との交尾回避によって交尾相手が不足する事態にはならないからである。ニホンザルやバーバリマカクの例から推測すると、四親等以内の母系的血縁者の他にあまり異性がいない位の集団サイズなら、交尾回避によってメイト・アウトが促進されると考えられる。

ニホンザルの例は、集団サイズの問題を考える上で好適かもしれない。野生のニホンザルはふつう五〇頭前後の群れで暮らしている。群れの遊動域は隣の群れの遊動域と一部重複しており、それぞれの群れはいくつかの隣接群と出会いを繰り返すことになる。屋久島に生息しているニホンザルはとくに群れサイズが小さく、二〇頭前後の群れが多い。四親等までの家系集団を想定すると、この群れサイズではせいぜい二つか三つの家系しか含むことができない。そのためか、屋久島ではすべての雄が思春期に至ると例外なく出自集団を離脱している。ところが、ニホンザルは餌づけされると急速に個体数を増加させて一〇〇頭以上の集団に膨れ上がる。こうして群れサイズの大きくなった集団では、思春期を過ぎても生まれた集団を出ていかない雄が見られる。大分県の高崎山、京都府の嵐山、長野県の地獄谷などの餌づけ群で、離脱せずに成熟した雄たちが優劣順位を上げて最高位に登りつめた例が知られている。これらの雄たちはたしかに母系的血縁関係のある雌たちとは交尾をしない(Enomoto, 1978; Takahata, 1982)。しかし、自分の家系以外にたくさんの雌が同じ集団で共存しているので、雄たちの性的活動が極度に抑制されることはない。

嵐山では、ちょっと変わった現象が報告されている。秋から冬にかけての交尾季に持続的な交尾関係をもった雌雄が、雌の発情が終わっても親密な関係を続けるようになる。雌にとって優劣順位の高い雄のそばにいられれば、撒かれた餌を優先的に取ることができる。このため、雌はこの雄に継続して追随するようになるが、次に交尾季がめぐってくると雄への性的関心をしだいに示さなくなる(Takahata, 1982)。血縁関係はないものの、交尾を契機に結ばれた親密な関係が、やがて両者間に近親者間に見られるような交尾回避を引き起こすのである(高畑、一九八〇)。こういった現象が生じるのも、群れサイズが大きく、交尾をする雌が新たに増えても雄の性的活動が抑制されないことがその一因になっていると考えられる。

次に条件として考えられるのは、子どもが思春期に達するまで親がその集団を離れないことである。ニホンザルのような母系社会では、雌は動かないが、雄はふつう短期間しか一つの群れに滞在しない。このような群れでは、思春期に達した雄と母系的血縁関係のある雌との間でしか交尾回避は発現しない。たとえ雄が幼児と親密な関係を結んでも、その幼児が性成熟に達する前に雄がいなくなってしまうので、交尾回避を示す機会がないのである。これに比べると、ペア型社会や、雌が集団間を移籍する非母系社会の方が両親と交尾回避を起こす機会が多いと言えるだろう。非母系社会では雄より雌の方が集団を離脱しやすいが、出産後に雌の移籍が停止するために、娘も息子も思春期に達したとき両親が出自集団に残っている確率が高いからである。

もう一つの条件は、幼児と異性の年長者との間に持続的な親和関係が結ばれることである。せっかく雄も雌も子どもと長期に同居する条件が整っても、幼児との間に親密な関係が生じなければ交尾回避は生まれない。雌の場合は、出産に引き続く育児を通して幼児との親和関係は自然に形成されるが、雄はそのような機会が必然的にめぐってくるわけではない。

雄が積極的に育児をする種は、霊長類では限られている。タマリンやマーモセットの仲間はとくに高い育児能力を示し、母親は雄に育児をまかせっきりで授乳のときしか赤ん坊と接触しないことさえある。これは多産と関係があり、これらの種は母親の体重の一割を超える赤ん坊を双子、三つ子として産む。雄の子育てへの参入がなければ、とても母親だけで育てることはできない。バーバリマカクやアヌビスヒヒなども雄が特定の幼児を積極的に世話するが、これは幼児を抱くことによってその母親や近親個体からの援助を得られるためである。優劣順位の低い雄にとっては、幼児と親しくなることが社会的地位を向上させる手段となっているのである (Packer, 1979 ; Paul et al., 1992)。

これらの霊長類は雄が比較的短期間しか一つの集団に滞在しないので、野生では幼児との親密な関係が交尾回避につながる機会は少ない。しかし、雄が集団間を移籍しないテナガザルやゴリラでは、雄と幼児の間の親密な関係が交尾回避に結びつく事例が野生で見られる。テナガザルはペア型、ゴリラは単雄複雌の構成をもつ集団で暮らすが、いずれも自分の集団を確立した雄が生涯その集団を離れないという特徴を持っている。雄も雌も思春期になると生まれ育った集団を離れる。雄は生まれたばかりの赤ん坊にはあまり興味を示さず、乳離れをする頃から子どもと密接な関係をもつようになる。抱いて運んだり、一緒に寝たり、外敵から保護するなどの育児行動は、子どもの成長とともに遊ぶ関係に変わっていくが、親密な関係は思春期まで持続する。そして、雌の子どもは思春期にこの雄との交尾回避によって、集団の外に交尾相手を求めて出ていくと考えられるのである（Tilson, 1981；Stewart & Harcourt, 1987；Yamagiwa, 1987；Brockelman et al., 1998)。

それでは、こういった条件のそろったゴリラの社会で、交尾回避がどのようにしてメイト・アウトを引き起こしているかを見てみることにしよう。

## 4 ゴリラの社会における交尾回避とメイト・アウト

ゴリラの社会に関する資料は、ルワンダのヴィルンガ火山群で長期にわたる野外研究が継続されているマウンテンゴリラに限られていた。最近、コンゴ民主共和国のカフジ・ビエガ国立公園に生息するヒガシローランドゴリラの資料がまとめられたが、まだ広範な地域変異を考察するには十分でない。

ここではマウンテンゴリラの特徴を中心に考察する。

マウンテンゴリラのポピュレーションには、単雄複雌の構成をもつ集団と成熟した雄を二頭以上（最大四頭）含む集団がほぼ半分ずつ含まれている。個体識別をして長期間追跡調査をした結果、一つの集団に共存しているこれらの雄たちは父親とその息子、あるいは兄弟であることがわかってきた（Harcourt, 1978）。つまり、雄たちが生まれ育った集団を離脱せずに残った結果、単雄から複雄の構成へと移行したのである。

マウンテンゴリラでは、雄も雌も性成熟前に生まれ育った集団を離脱する。雌は離脱後すぐに単独生活をしているヒトリ雄か、別の集団へ移籍するが、雄は別の集団へ移籍することも元の集団へもどることもできない。離脱後しばらく単独で森を放浪し、やがて他集団から雌を誘い出してきて自分の集団をつくる。最初のうちは雌が出たり入ったりするが、そのうち出産すると雌は雄の元に定着するようになる。こうしていったん雌と子どもを得ると、雄は生涯その集団の核雄として居続けることになる。それは、ゴリラの社会では集団の外から別の雄が加入してきて核雄を追い出し、その集団を乗っ取るということが起こらないからである。ただ、核雄が老境に達すると息子達が性成熟後も集団に残るようにあり、やがて核雄の死後はその集団を継承するようになる（Fossey, 1983）。こういった集団の編成様式はヒガシローランドゴリラでも基本的に同じである（Yamagiwa & Kahekwa, 2001）。

しかし、このような複数の雄が共存する複雄群では、雄ばかりでなく雌も生まれ育った集団を離脱しなくなることがわかってきた。それは、若い雄たちが集団に残ったおかげで、離脱前の雌たちが集

表2　出生時から追跡調査しているメスの初産あるいは初移籍の例数

| | カフジ | | ヴィルンガ | |
|---|---|---|---|---|
| | 複雄群 | 単雄群 | 複雄群 | 単雄群 |
| 出産せずに移籍 | 1 | 12 | 2 | 7 |
| 生まれた集団で初産 | 4 | 1 | 6 | 1 |

団を出ずに交尾相手を見つけられるようになったからである。雌たちは幼児期に親密な関係を結んだ核雄（たいがいは父親と考えられる）や同母兄弟とは交尾を回避する傾向がある。しかし、異母兄弟とは交尾関係を結び、妊娠して出産することがある。ヴィルンガのマウンテンゴリラでもカフジのヒガシローランドゴリラでも、単雄群よりも複雄群の方が生まれ育った集団で出産する雌の割合が高いのである（**表2**）。つまり、ゴリラでは父系的な兄弟姉妹間には交尾回避が発現せず、その組み合わせで交尾関係が成立するとメイト・アウトが阻害されると考えられる。

ゴリラの社会で交尾回避が若い雌のメイト・アウトを引き起こす条件としては、以下のことが考えられる。まず前述したように、集団のサイズが小さく、出産後に雌の移籍が減少する必要がある。ゴリラの集団の平均サイズはどの地域でも一〇頭前後だし、雌は出産後に特定の雄のもとに定着する傾向がある。そして、外からの雄による集団の乗っ取りがない。これらの条件は、雄と幼児に親密な関係をつくらせ、それを思春期に至るまで持続させることに貢献している。

ゴリラが葉や樹皮など、いつでもどこでも手に入る食物を常食にしていることもメイト・アウトを促進する条件となる（Watts, 1996）。食物の競合が低ければ、個体同士が近接して集団がまとまりやすいので、雄と幼児が親和的な関係をつくる機会も増える。ゴリラはなわばりをもたず、隣接集団と大幅に遊動域を重複させている。そのため、さまざまな集団と頻繁に出会うので、雌は移籍する対象を選ぶことができる。これは、単独生活をしないゴリラの雌にとっては重要である。他の集団やヒトリ雄と出会ったときに移籍をするので、出会いが多い方が相手の情報を十分に得られるからである。

また、母系的血縁内の結束が希薄なことも、雌を移籍しやすくしている要因と思われる。ゴリラの母親は、ニホンザルのように子どものけんかに加勢して相手を駆逐しようとはしない。自分の子どもが劣勢のときは庇うが、あえて自分の子どもを勝たせようとしてけんかに介入することはないのである。けんかに介入するのは核雄が多く、この場合はほとんど常に体の小さい方、劣勢の方に加勢の手が差し伸べられる。つまり、核雄の介入はけんかの抑止に力が注がれていて、どちらかの勝敗をつけることではない。このため、ゴリラの雌は生まれた集団にとどまっても、他の集団へ移籍してもそれほど大きな差はない。どこでも自分の血縁者からは大きな援助は期待できないし、劣勢になればいつでも核雄からの加勢を得られるからである。

こういった生態学的条件や社会的条件がうまく組合わさった結果、若い雌が出自集団を離れて他の集団へ移籍することになる。そして、興味深いことにゴリラの集団ではインセストの回避が雌の離脱を動機づかせ、移籍を通じて雌の与え手（父親あるいは同母兄弟）ともらい手（移籍先の核雄）をつくりだしている。これは奇しくもレヴィ＝ストロースの想定した結婚を介した女の交換によく似ている。ゴリラも人間も、インセストを回避する関係だからこそ近親の若い雌（女）を集団外へ出し、競合関係を高めずに他の集団へ移籍させることに成功しているからである。

## 5 回避から規範へ

霊長類社会に広く見られる「幼児期の親密な関係が後に交尾回避を引き起こす現象」は、ある条件下では若い個体の交尾相手の不足をもたらし、出自集団からの離脱を促す効果をもっている。そして、それはとくに非母系的な小さな集団で大きな影響力を発揮する。これはインセスト・タブーと外婚制が強く結びついた人間の家族の原型を予感させる現象である。では、なぜそれが人間では規範になったのだろう。

霊長類では幼児期の親密な関係は、そのまま血縁の認知へとつながる。生まれつき血縁を認知する遺伝的な能力を備えていない霊長類は、生まれてからの社会的経験によって血縁を認知するのである。この認知は母系的血縁内では一致するが、父系的血縁内でははなはだあやしい。実際に血縁関係になくても幼児と親和的な関係をもちさえすれば、雄は雌と父親や兄弟のような交尾を回避する関係に成り得るからである。これは人間の家族において父親がいくらでも取り替え可能であることと一致している。

ゴリラにおける交尾回避とメイト・アウトが示唆しているのは、親子関係における親しさと性関係における親しさが違うものであり、同時に二者間に共存できないということである。そして、それが別物だからこそ親子は性的競合に陥ることなく共存できる。ゴリラの集団で父親と息子が共存できるのは、父親にとっては娘、息子にとっては母親というように互いに回避する異性がいるからである。回避する対象を互いの交尾相手として認め合うことで二世代の雄たちは共存できる。それは、成熟した雄同士がそれぞれ独占的な配偶関係を守りながら共存する「アダルトリーの禁止」へと発展する可能性を示唆している。親和的な関係をもつ雌雄だけでなく、交尾を回避する異性の対象を増やせば、それだけ雄（男）たちが性的競合を高めずに共存する機会が増すからである。

ただ、ゴリラの父親と息子の共存は異母兄弟姉妹間のインセストを必然的に結果し、若い雌の移籍を抑止する効果をもっている。もし、若い雌の移籍を恒常的に促進しようとすれば、交尾回避を起こす範囲を規範として広げて、出自集団内で思春期に達した雌が交尾相手を見つけられないようにする必要がある。雌の移籍が双方の集団にとって利益につながれば、これは実際に起こった可能性がある。

その利益とは、雌の交換によって二つの集団が敵対関係を解き、さまざまに協力できるようになることだったに違いない。チンパンジーやボノボでは食物を他者に与える分配行動が知られている。とくに、肉食をする際には獲物をもった個体のまわりに何頭もチンパンジーが群がり、執拗に分配を要求する。獲物の所有者はたいがい最優位の雄であり、自分に協力的な雄や雌にだけ肉を分ける傾向があるようだ（西田、一九九九）。このように、類人猿は食物の分配を政治的な目的に用いることがあるが、肉と違って交尾相手は分配できない。そのため、交換という社会技法が必要になる。雌の交換によって雄と雄、集団と集団が相互媒介的に結ばれることこそ、家族という人間特有の集団単位を登場させる契機になったと思われるのである。

かつて今西が予想した人間家族成立の四条件のうち、「近隣関係」（隣り合う集団同士が緊密な協力関係を結んで上位の集団をつくること）は霊長類に見いだすことができなかった。ゴリラもチンパンジーも集団関係は敵対的で、とても二つの集団が融合したり協力関係を結ぶなどということは考えられない。霊長類で重層的な集団構造をもつのは、単雄複雌の集団がいくつも集まるマントヒヒやゲラダヒヒだけである。これらのヒヒは森林性の類人猿と異なり、樹木の少ない草原に生息し、捕食者を避けるために断崖絶壁にまとまって寝るという共通点をもっている。おそらく、初期の人類も森林からしだいに草原へと活動の場を移していくにしたがい、複数の小集団がまとまって活動する利益が大きくなったに違いない。その連合を実現させるために、初期の人類は類人猿から受け継がれた交尾回避とメイト・アウトの連携を約束事として拡大強化したのだろう。それは双方の集団に配偶者の交換を通じて性的競合の自制や抑制を要求し、それを担保として血縁関係に匹敵する親和的な関係をもたらすことになった。

人間家族は父性という仮構としての親性を創り出すことによって成立したと私は考えている（山極、一九九四）。それは、雄が雌と同じように親子としての親和的な関係を子どもと結ぶことによって可能になり、性的な親和性とは異質な関係を周囲につくることによって形を成す。インセストの回避は、そういった仮の親子関係をつくった副産物として父親と娘の間に必然的に生じたと考えられるが、おそらく初期の人類はそれを逆に規範として利用したのだろう。インセストの回避を規範にすることによって、異性との複合的な関係（例えば、自分の娘で他人の妻というような関係）が生まれ、他者や他集団との共存が可能になるからである。こうした意味でインセスト・タブーは、インセストを防止する機能だけに限定された規範ではない。それは、同性間、異性間に多元的な関係を創りだし、異性の交換を通じて同性同士、集団同士を結びつける文化的な装置である。まさに「自然から文化への移行を示す規範」であり、初期の人類が複数の家族からなる重層的な社会をつくるための不可欠な第一歩だったと言えるだろう。

## 参考文献

Alexander, B. K., 1970. Paternal behavior of adult male Japanese monkeys. *Behaviour*, 36 : 270-285.

Abbott, D. H., 1984. Behavioral and physiological suppression of fertility in subordinate marmoset monkeys. *Amer. J. Primatology*, 6 : 169-186.

Bateson, P., 1983. Optimal outbreeding. In : *Mate Choice*, P. Bateson (ed.), pp. 257-277, Cambridge University Press, Cambridge.

Brockelman, W. Y., Reichard, U., Treesucon, U. & Raemackers, J. J., 1998. Dispersal, pair formation and social structure in gibbons (*Hylobates lar*). *Behavioral Ecology and Sociobiology*, 42 : 329-339.

Enomoto, T., 1978. On social preference in sexual behavior of Japanese monkeys (*Macaca fuscata*). *J. Human Evol.*, 7: 283-293.

Fossey, D., 1983. *Gorillas in the Mist*. Houghton Mifflin, Boston.

Fossey, D., 1984. Infanticide in mountain gorillas (Gorilla gorilla beringei) with comparative notes on chimpanzees. In :

*Infanticide: Comparative and Evolutionary Perspectives*, G. Hausfater & S. B. Hrdy (eds.), pp. 217-236, Aldine, Hawthorne, New York.

Fredrickson, W. T. & Sackett, G. P., 1986. Kin preferences in primates (Macaca nemestrina) : relatedness or familiarity? *Journal of Comparative Psychology*, 98 : 29-34.

Freud, G., 1912. *Totem and Taboo : The Origins of Religion.*

Goodall, J., 1986. *The Chimpanzees of Gombe.* Belknap.

Harcourt, A. H., 1978. Strategies of emigration and transfer by primates, with particular reference to gorillas. *Z. Tierpsychol.*, 48 : 401-420.

Hausfater, G., 1975. *Dominance and Reproduction in Baboons* (*Papio cynocephalus*) *: a Quantitative Analysis*, Basel, Karger.

Henzi, S. P. & Lucas, J. W., 1980. Observations on the inter-troop movement of adult vervet monkeys (*Cercopithecus aethiops*). *Folia Primatol.*, 33 : 220-235.

Holmes, W. G. & Sherman, P. W., 1983. Kin recognition in animals. *American Scientist*, 71 : 46-55.

Itani, J., 1959. Paternal care in the wild Japanese monkey, Macaca fuscata fuscata. *Primates*, 2 : 61-93.

Kuester, J., Paul, A. & Arnemann, J., 1994. Kinship, familiarity and mating avoidance in Barbary macaques, Macaca sylvanus. *Animal Behaviour*, 48 : 1183-1194.

Manson, J. H. & Perry, S. E., 1993. Inbreeding avoidance in rhesus monkeys : whose choice? Amer. *J. Phys. Anthropol.*, 90 : 335-344.

Moore, J., 1993. Inbreeding and outbreeding in primates : what's wrong with 'the dispersing sex'? In : *The Natural*

*History of Inbreeding and Outbreeding. Theoretical and Empirical Perspectives*, N. W. Thornhill (ed.), pp. 392-426, The University of Chicago Press, Chicago.

Packer, C., 1979. Inter-troop transfer and inbreeding avoidance in Papio anubis. *Animal Bahaviour*, 27 : 1-36.

Paul, A., Kuester, J. & Arnemann, J., 1992. DNA fingerprinting reveals that infant care by male Barbary macaques (Macaca syvanus) is not paternal investiment. *Folia Primatol.*, 58 : 93-98.

Pusey, A. E., 1990. Mechanisms of inbreeding avoidance in nonhuman primates. In : *Pedophilia : Biosocial Dimensions*, J. R. Feierman (ed.), pp. 201-220. Springer, New York.

Rothe, H., 1975. Some aspects of sexuality and reproduction in groups of captive marmosets (Calithrix jacchus). *Z. Tierpsychol.*, 37 : 255-273.

Shepher, J., 1971. Mate selection among second generation Kibbutz adolescent and adults : Incest avoidance and negative imprinting. *Archives of Sexual Behavior*, 1 : 293-307.

Smith, D. G., 1986. Incidence and consequences of inbreeding in three captive groups of rhesus macaques (Macaca mulatta). In : *Primates. The Road to Self-sustaining Populations*, K. Benirschke (ed.), pp. 856-874, Springer, New York.

Stewart, K. J. & Harcourt, A. H., 1987. Gorillas. In : *Primate Societies*, B. B. Smuts et al. (eds.), pp. 154-164. The University of Chicago Press, Chicago.

Strier, K. B., 1997. Mate preferences of wild muriqui monkeys (*Brachyteles arachnoides*) : reproductive and social correlates. *Folia Primato*l., 68 : 120-33.

Takahata, Y., 1982. The sociosexual behavior of Japanese monkeys. *Z. Tierpsychol.*, 59 : 89-108.

Tilson, R. L., 1981. Family formation strategies of Kloss's gibbons. *Folia Primatol*, 35 : 259-287.
Watts, D. P., 1996. Comparative socio-ecology of gorillas. In: *Great Ape Societies*, W. C. McGrew, L. F. Marchant & T. Nishida (eds.), pp. 16-28, Cambridge University Press, Cambridge.
Westermarck, E. A., 1891. *The History of Human Marriage*. London, Macmillan.
Wolf, A. P., 1995. *Sexual attraction and childhood association: a Chinese brief for Edward Westermarck*. Stanford University Press, Stanford, california.
Yamagiwa, J., 1987. Male life history and social structure of wild mountain gorillas (*Gorilla gorilla beringei*). In : *Evolution and Coadaptation in Biotic Communities*, S. Kawano, J. H. Connell & T. Hidaka (eds.), pp. 31-51, University of Tokyo Press, Tokyo.
Yamagiwa, J. & Kahekwa, J., 2001. Dispersal patterns, group structure, and reproductive parameters of eastern lowland gorillas at Kahuzi in the absence of infanticide. In : *Mountain gorillas*, M. Robbins, K. J. Stewart & P. Sicotte (eds.), pp. 89-122, Cambridge University Press, Cambridge.
伊谷純一郎、一九七二「霊長類の社会構造」『生態学講座』20、共立出版
伊谷純一郎、一九八七『霊長類社会の進化』、平凡社
今西錦司、一九六一「人間家族の起源――プライマトロジーの立場から」『民族学研究』25：119-138
加納隆至、一九八六『最後の類人猿――ピグミーチンパンジーの行動と生態』、どうぶつ社
レヴィ＝ストロース、C、一九七七『親族の基本構造』（上、下）馬渕東一・田島節夫監訳、番町書房
モーガン、L・H、一九五四『古代社会』荒畑寒村訳、角川文庫

西田利貞、一九九九『人間性はどこから来たか――サル学からのアプローチ』、京都大学学術出版会
大澤真幸、二〇〇〇「〈社会性〉の起源・序」『理論と方法』15（1）：21-36.
小田亮、一九九三「不毛の性」『性の民族誌』須藤健一・杉島敬志編、人文書院、pp. 252-272
高畑由起夫、一九八〇「親しさと性行動の拮抗関係――ニホンザルの親和的なオス‐メス関係について」『季刊人類学』11（4）：89-108.
徳田喜三郎、一九五五「動物園のサル」『日本動物記』3、今西錦司編、光文社
山極寿一、一九九四『家族の起源――父性の登場』、東京大学出版会

# インセストとしての婚姻

＊「すべての婚姻はインセストである」（レヴィ＝ストロース）

出口顯

## はじめに

この小論は、インセストの個体レベルでの回避のメカニズムではなく、社会的禁止としてタブー化したインセストの忌避とそれが命じる婚姻に関する問題を、レヴィ＝ストロースのインセスト・タブーや婚姻についての見解の再考・再評価を通して、社会＝文化人類学の立場から考えることを目的としている。自己と他者、内部と外部の分節と反転が、ここでの主題となる。

## 1 レヴィ＝ストロースの理論の常識的理解（＝無理解 or 誤解）

フランスの構造主義の代表的存在であるレヴィ＝ストロースのインセスト・タブーについての理論は、社会人類学の分野では通常、連帯理論とも呼ばれていて、教科書的な記述では、例えば次のようにまとめられている。

近親の女性との婚姻の禁止は、その女性の他の集団への移動の積極的促進を意味し、その婚出

によって、異なる集団間の社会関係が生じる[1]（船曳、一九九七・六五）

自らの集団の女性との婚姻を続けていれば集団はその点で閉じてしまうが、他の集団との婚姻を行うことは人間社会にとって最も重要な次世代を生み出す女性の確保と、交換を行う社会関係の成立を同時に満たしてくれる。（同右）

またタブー理論全般について考察した概説的な書物の中でも

〔レヴィ＝ストロースは〕自分の娘や姉妹を他人に与え、それと引き換えに妻を外部から貰わなければならないから、自分の近親との性交渉が禁制になるのだという、外に開かれた社会システム的な関係論から、タブーの謎を解こうとしたのである[2]（山内、一九九六・一一五）。

あるいはサル学の分野でも

近親相姦が許されると、ある家族と別の家族の間に婚姻によるつながりができず、生存・繁殖上不利になるので、近親相姦を禁止した[3]（西田、一九九九・一一四）

家族間のネットワークを維持する（同右）

と、述べられている。

わたし自身最近別のところで似たような解説をしたが[4]（出口、二〇〇二）、こうしたまとめに問題がないわけではない。というのはそこには、ある前提もしくは、テキストの読み手のなかに暗黙裡に根付くことになるある考え方が潜んでいるように思えるからである。それは、配偶者は、「他の」「自分のとは異なる」集団から、自分のところ（身内）にやってくる「よそ者」だというものである。社会人類学者の大塚和夫は、これを次のように述べている。

　従来の社会人類学的な婚姻をめぐる議論の大半は、異なった親族集団間での婚姻に焦点が合わされていたという印象をうける[5]（大塚、一九九四・三二）

つまり、「主として『族外婚』が論じられ」てきたわけだ。

大塚自身も、レヴィ＝ストロースのインセスト・タブー理論、そしてそれとセットになって論じられている交差イトコ（母の兄弟の子、父の姉妹の子）婚が、まさに族外婚の理論に他ならないことを受け入れている。というのも、アラブ社会などの父系社会に見られる父方平行イトコ（FBD=father's brother's daughter）婚は、異なった親族集団間での女性の交換を前提としている連帯理論にとって「躓きの石」になりうると述べているからである。父方平行イトコ婚は、同じ父系親族集団に属するという意味での「身内」である娘がヨメとなって婚入してくる「族内婚」である。それを「族外婚」を対象とするレヴィ＝ストロースの理論ではうまく説明できない、そう大塚は言いたいのである。

しかし父方平行イトコ婚は本当にレヴィ＝ストロースにとって、「躓きの石」になるのだろうか。

## 2 母方交差イトコ婚の縮約としての父方平行イトコ婚

大塚は、父方平行イトコ婚と、母方交差イトコ婚、ブラックアフリカの婚姻の違いを図で説明している（次ページ**図1**）。図に関連してまず注意すべきなのは、母方交差イトコ婚は、レヴィ＝ストロースの『親族の基本構造』では文字どおり、基本構造として論じられているのに対して、父方平行イトコ婚は複合構造の領域に属するという点である。基本構造とは、親族分類法が血族の範囲と姻族の範囲を直ちに決定してくれる体系、すなわち好ましい配偶者を半自動的に決定する体系であるのに対し、複合構造とは、配偶者決定の手続きを経済機構や心理的機構など親族分類法とは別の仕組みに委ねるという、自由な配偶者選択に基礎を置く体系のことである。もちろんこの類型が極限的な理念型であることはレヴィ＝ストロースも承知しているが、[6]さしあたってはこの区分を有効なものと考えている。

父方平行イトコ婚を材料にしてレヴィ＝ストロースの理論を批判しようとするなら、まずこの基本対複合という区分の当否を問題として取り上げ、そのうえで父方平行イトコ婚は連帯理論の躓きの石になると論じなければならないはずである。さもないと基本構造についての説明モデルが複合構造に当てはまらないという不毛な批判になってしまうからだ。しかし残念ながら大塚の論考にはこうした配慮が欠けている。父方平行イトコ婚選択の理由は、それが複合構造に属するのだから、当然時代や地域が異なれば多様になるはずで、ただ一種類の説明しか認められないというものではない。それ故、とりわけ中東のこのタイプの婚姻について様々な人類学的解釈がなされてきたのはむしろ当然といえるだろう。大塚の論文には、このような複合構造に対する理論的検討が、紙数の都合のせいか、見られない。

しかし連帯理論はインセスト・タブーとセットであり、インセスト・タブーをレヴィ＝ストロースは普遍的なものと主張しているのだから、それは当然父方平行イトコ婚を行っている父系社会にもあ

**図1　婚姻の諸タイプ**

（大塚, 1994: p. 44 より）

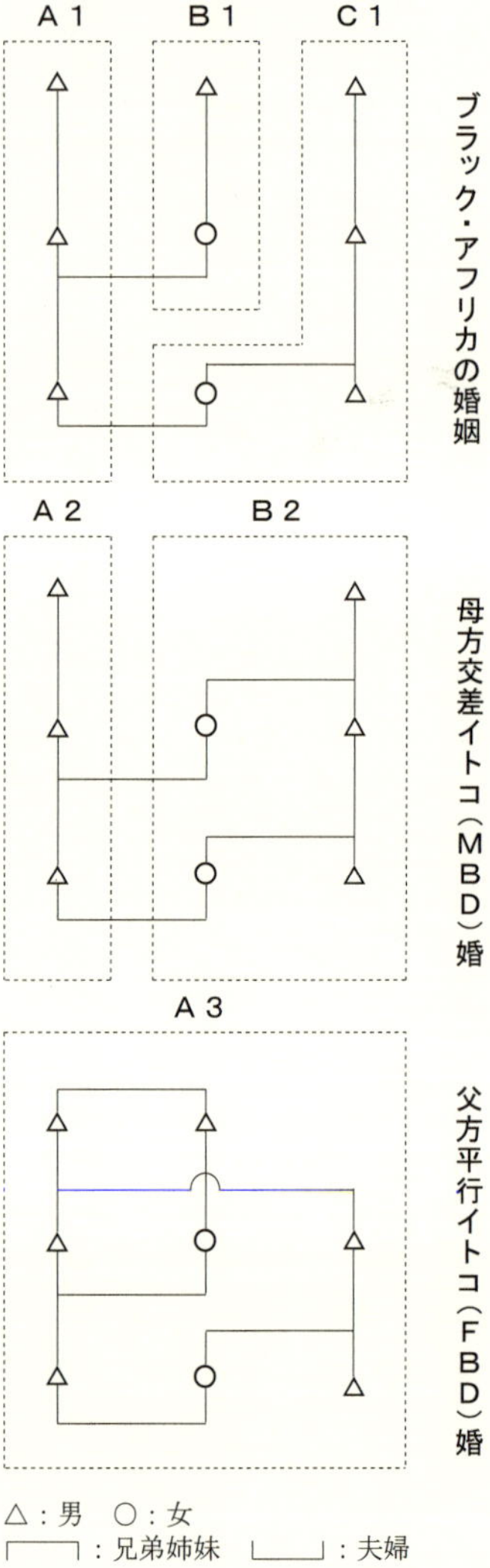

てはまるのなら、やはり「躓きの石」になるのではないかと、反論することも可能である。そこで、基本構造と複合構造の違いは、さしあたり括弧に入れて、この反論を検討してみよう。

**図1**の母方交差イトコ婚（ＭＢＤ婚）の図では、Ａ２の第三世代の男性から見て、彼の妻は、彼の母親の出身集団と同じ親族集団のメンバーであり、当然母方親族、母方交差イトコになる。図では省略されているが親等の上で父方平行イトコとの間に違いはない。しかし平行イトコがキョウダイ（sibling）と同一視され、それ故に身内であるのに対して、交差イトコはたとえ親族であると了解されていても、身内とはみなされない。なぜならインセスト・タブーの命ずるところにより、交差イトコは、婚姻に携わる集団帰属の上で、エゴ（自分）とは異なる集団に属し、「近親者」ではなくなるからである。

インセスト・タブーという婚姻の命令が、「身内」と「よそ者」の範囲を世代を追って徐々に定めていったのではなく、一気に決定していったのであれば、母方交差イトコ婚を実施する社会では、系譜的なつながりのある（あるいはつながりあるものと想定できる）人々を「身内」と「よそ者」に分節していることがわかる。系譜的絆のある人々を親族と呼べるのであれば、そのような人たちも、いついかなる場合とはいえないにせよ、状況に応じて「身内」とみなすことができるはずである。今この「身内」を「身内」１と呼ぶなら、それは「身内」２と姻族という「よそ者」に分節していることになる。さらに「身内」１は、系譜的絆を一切共有しない非親族という「よそ者」に対立することになる（**図２**）。

さてこれと同じ分節化の構造が、レベルこそ違え、父方平行イトコ婚にも見られることに気づく。つまり、「父系親族集団」という「身内」が、父が長である家族という「身内」と、「父系親族集団」

図２

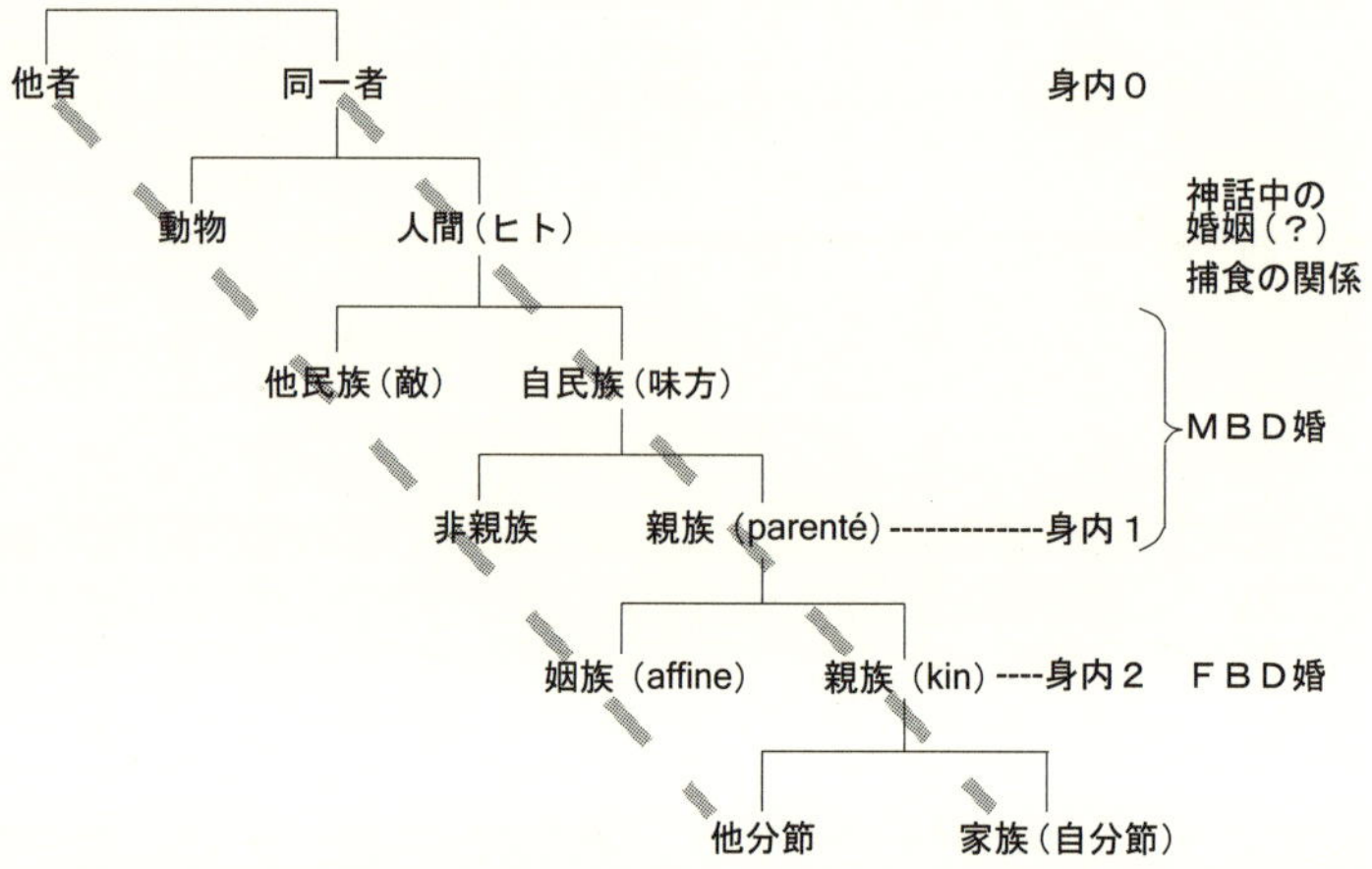


の他の分節のメンバー（父の兄弟が長となる家族が含まれる）という「よそ者」に、分節していると考えてみるのである。

既に小田亮や渡辺公三らが説得的に論じていることだが、レヴィ＝ストロースのインセスト・タブー論の理解で大切なのは、タブー以前に予め「近親」者あるいは「身内」の範囲や境界が実体的に固定化しているのではなく、タブーが「身内」と「よそ者」をその都度生み出すあるいは分節していくという点である。[7] つまり「身内」と「よそ者」のそれぞれの価値つまり意味の守備範囲は、時代や地域などの状況に応じて変動している。[8] 従って、父方平行イトコ婚をする父系親族集団が、いついかなる場合でも、その内部で一切分節化の生じない「身内」であることにはならない。父系親族集団のある男性が、彼の属する親族集団以外から配偶者を娶るときには、彼の父系集団は「身内」、それ以外は「よそ者」ということになるが、父系親族集団内部で結婚したのなら、彼の属していた「家族」が「身内」、妻が独身の時帰属していた父方オジを世帯主とした「家族」が、同一親族集団を構成するにせよ、「よそ者」ということになる。

紀元前五世紀頃の古代ギリシアでも、オジや父方イトコとの結婚は、義務とは呼べないにしても好まれていたが、近親との結合だからといって、それらを父親や兄弟との忌み嫌われる交合と混同してはならないとフランスの古典学者ジャン＝ピエール・ヴェルナンは述べている。ヴェルナンによれば、親と子、兄弟と姉妹の間での相互の情愛は、古代ギリシア人がフィリアと呼ぶ感情の代表例である。フィリアとは、(核)家族(親子兄弟などの肉親)の間で感じられる同一性(一体感)に基づいている。家族の一人一人は互いの分身であり、フィリアはいわば「自己のあいだ」で見られるものといえる。この点でフィリアは性別や家族関係での他者に向けられる愛欲であるエロスと対立の関係にある。つまり性結合して結婚相手になるオジや父方イトコとの関係はエロス的であり、それを親兄弟とのフィリアと混同してはならないのだ。(9)

このように古代ギリシアでは、父方親族はときにフィリアとエロスに分節されていたのだが、同様の関係が父方平行イトコ婚を好む現代のアラブ社会でも見られる。兄弟と姉妹のあいだには排他的ともいえる親密な絆が結ばれ、この関係は同時に権威と従属の関係でもあって、兄弟は姉妹の振る舞いや身なりに責任を持ち監督するとともに姉妹の保護者にもなる。一方姉妹は兄弟の指図に従い、兄弟に奉仕するとともに、彼から庇護を受ける。この絆はそれぞれが結婚した後も続き、女性はしばしば夫よりも兄弟を優先させ、自分が親から受け取るべき財産を兄弟とその家族のために放棄することさえあり、それが女性の夫と女性の兄弟の間でのもめ事の種になる。このことは夫が父方平行イトコでも変わらない。

兄弟‐姉妹のあいだの強い絆という慣行の背景には、女性は結婚後も生まれた家に属し、生家が、とりわけ兄弟が彼女の幸福や行動に責任を負うべきものという理念があるからだが、レバノンでの事例を報告しているジョゼフは、このような兄弟姉妹の関係をコネクティヴィティと呼んでいる。コネクティヴィティとは、ある人が自分を別の人の人格の一部とみなし、一方の誠実さや尊厳、そして安全がもう一方の行動に結びついていると感じるほどに両者の関係が分かちがたいような自己観念や関係概念を指す。アラブ社会の兄弟姉妹は身内あるいは一つの「自己」として、父方平行イトコも含めた部外者あるいは他者に対立することになる[10]。

以上のように父方平行イトコ婚においても「身内」と「よそ者」の分節対立は見いだせるのであり、そこにおける分節化のメカニズムは、母方交差イトコ婚のそれを縮約した範囲で作用するものといえよう。縮約された分規則による拘束力も弱まるのであれば、ＦＢＤ婚が、自由裁量や選択に委ねられるのはむしろ当然のことであろう。

## 3 インセストあるいは内婚としての婚姻

さて今度は、「身内」と「よそ者」に分節するメカニズムを縮約とは逆の方向に検討してみることにしたい。大塚のブラックアフリカの図を想定してみればよいが、ブラックアフリカに限らず、系譜のつながりのない、つまり親族ではない人間との婚姻は、インセスト・タブーのまさに命ずるところでもあるから無数に見られ、その意味で一般的である。まさに他人や他の集団から配偶者を迎える「族外婚」である。しかしそのような人たちをあっさり「他人」とみなしてよいのだろうか。少なくとも理論の上では考慮の余地が残されている。

他の民族集団や敵対する集団との婚姻を想定してみよう。実際にニューギニア高地では、「姻族は敵」とか「我々は、戦っている相手と結婚する」というイディオムがある。そのような婚姻は確かに「よそ者」を配偶者に迎えることである。しかし、たとえ敵であれ他民族であれ、縁組のネットワークで結ばれうるということは、結婚についてのある一定のルールを、敵である相手も自分たちと共有していることに他ならない。ウガンダのルグバラでは敵意や反目を抱くジュルと分類されるカテゴリーのなかから配偶者を見つけることが多いのだが、ジュルもルグバラの社会生活の内部にいる人たちなのだ。[11] ジュルであれ敵であれ、彼らは、社会空間の埒外にいてこれまで一切の交渉がなく、そのため一から関係を築いていかなければならないといった相手ではない。

結婚などの様々なゲームの規則を共有しておらず、そのためコミュニケーションをもとうとするならば、互いにそれぞれの規則を「教える - 学ぶ」関係をつくりださなければならない相手こそが「他者」であり、「他者」とのコミュニケーションを「交通」あるいは「命がけの飛躍」とかつて文芸評論家の柄谷行人は名付けたが、結婚相手になる敵はその意味での「他者」ではない。また柄谷は、「交通」が行われる場を「社会」、それに対してゲームのルールを共有する者たちが属する場を「共同体」と呼んだ[12]。共同体についてのこうした理解は、言語学者のバンヴェニストの解釈した印欧語族の共同体概念に通じるものがある。バンヴェニストは、互酬システムが同一集団の内部で機能すると、ラテン語の communis は、communauté〈共同体〉、すなわち相互的な紐帯によって結ばれた人間集団を明示するようになると述べているが、言い換えれば、互酬的なシステムが作動することで相互的な人間関係が構築される場が同一集団=共同体ということになる[13]（バンヴェニスト、一九八六・九〇〜一）。

バンヴェニストや柄谷の用語法に従うならば、結婚相手になる敵や他民族は、自分たちと同じ「共同体」のメンバー、「同一者」なのである。彼らも、柄谷のいう「他者」に対立しているのであるから、「身内」0といえるなら、このレベルでも、婚姻は「身内」で行われていることになる。

つまり婚姻とは、どのようなものであれ、「社会」にいて「教える - 学ぶ」関係にある「他者」との間に取り交わされるのではなく、「共同体」の「同一者」あるいは「身内」の内部で行われるものなのである。レヴィ＝ストロースが、いかなる婚姻もインセスト、少なくとも社会的インセストではあるのだ。もっとも広義に解されたインセストが他者による他者のための獲得でなく、まさに自分による自分のための獲得であるのなら[14]（レヴィ＝ストロース、二〇〇〇・七八六）

といっているのはこの意味においてであると理解すべきであろう。レヴィ＝ストロースは、これを「真の内婚」とも言っている。「真の内婚」とは、「婚姻の可能性を人間共同体の境界外に認めることの拒否にほかならない」が、この「人間共同体」とは「当該集団の世界観次第できわめて多様な定義を受ける」ものなのである（同右・一二五）。それを安易に当該集団のことのみを指していると即断すべきではない。レヴィ＝ストロースは、人間共同体を文化の境界といいかえているが（一二七頁）、文化の境界は無限に広がりうるのだ。『野生の思考』では、次のように述べている。

原始社会は人間の範囲を部族集団の中だけに限り、その外のものは異人、すなわち汚らわしく野蛮な亜人間としか考えないし、極端な場合は危険動物ないし亡霊といった非人間と見る場合もあるとさえ言われてきた。それは根拠のない話ではないし、また正当な場合が多い。しかしながら、トーテム的分類法の本質的機能の一つはまさにこの集団の閉鎖性を打開して、無限界に近い人間観を促進することであるという点がそこでは無視されている[15]（レヴィ＝ストロース、一九七六・一九九）。

トーテム的分類法とは、自然種細部への感覚と理性を総動員した観察をもとに、人間集団の関係からなる「文化の系列」と動植物などの自然種間の関係からなる「自然の系列」との間に照応関係を設定して、分類を試みる思考である。[16] このトーテム的分類法では、人間と動物は祖先と子孫の関係や配偶者の関係、つまり「同一者」になることがある。そのため人間が動物や魚の肉を食べるのは共食い（カニバリズム）になる。[17]

「人間」の範囲は果てしないのだ。

## 4 ヴェズの婚姻理論

このように考えるなら、インセストとしての婚姻という理論では、配偶者を同一者（身内）とみなしてついで他者（よそ者）に変換するのが婚姻ということになるが、まさにこうした捉え方を示している社会がある。マダガスカルのヴェズ人社会である。以下、調査者である社会人類学者のR・アストゥティの報告をもとにヴェズの事例を紹介しよう。[18]

ヴェズの人々は、自分を基点として父系母系を問わず双方に系譜関係のネットワークを拡げていって得られる親戚（kindred）の数の多さを、飽きることなく自慢する。しかし縁故関係が多いと、結婚の

図3　ヴェズの事例
(Astuti , 1995 : *People of the Sea,* p. 83 より)

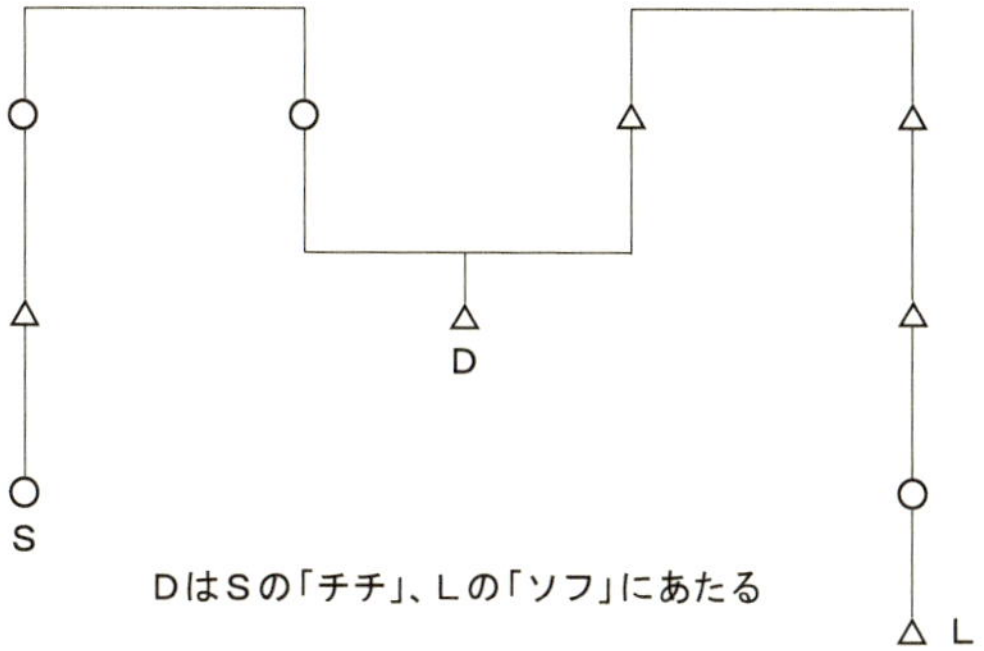

DはSの「チチ」、Lの「ソフ」にあたる

ときに困った事態にも遭遇する。結婚は「異なった人たち」と称される親戚関係にない人たちととりかわすべきであり、既に親戚関係にある人と結婚するのは無意味だ、何故なら生まれてくる子どもたちから、親戚の数が倍になる機会を奪うからだと彼らは言う。つまり、たくさん親戚がいると、結婚できる「異なった人たち」をみつけるのがとても難しくなるのであり、そのことをヴェズ自身も認識している。この難問が解決されるのは、人々を互いに親戚として結びつけている年長者が死亡し、彼もしくは彼女が覚えていた古い系譜関係の知識がその死とともに失われるときである。例えば**図3**のDが死亡し、細かな系譜の知識が忘れ去られれば、SもLも互いを親戚だとは思わず、「異なる人」と考えて結婚することができるようになる。しかし、これがすべての解決策ではない。

**図3**のLとSはヴェズではともにDの「子孫」になる、つまり親戚になるが、彼らは一緒に暮らしており、そのあいだには子どももいる。[19] Sは自分には姻戚がいないから、この結婚はよくないと考えている。ヴェズの親族体系に従えば、彼

女の「シュウト」（Lの父）は結婚前から彼女の「チチ」であり、「コジュウト」（Lの姉妹）は結婚前から彼女の「シマイ」なのである。しかしSの父親は、この考えは間違っているという。以前はSの「チチ」でもあったLの父は今やSの「シュウト」に、同様に以前はSの「シマイ」でもあったLの姉妹は、今やSの「コジュウト」になったのであり、結婚という行為がそれ以前は親戚だったSとLそしてそれぞれの縁者を互いに「異なる人たち」へと変換していったのである。

図に登場するDは生前、「人々はみんな同じ一族だが、結婚が彼らを分かつ」と語っていた。アストゥティは、これを次のように解釈している。つまり誰もが他の誰かとつながっており、人々は壮大な一つの家族といえる。もしそうならば、結婚は「異なった人たち」の間では決して起こりえない。むしろ族外婚が成立するために必要な「差異」をつくりだして人々を分けるのが結婚になるのだと。

ヴェズのこの事例は、インセストとしての婚姻のありかたを簡潔に示しているといえるだろう。

## 5　ツワナのインセスト＝婚姻

既に紹介した論文の中で、大塚は、父方平行イトコ婚をはじめとするイトコ婚が許容されるアラブ社会では、父系親族、母方親族、姻族という三つの役割が同一人物によって体現される可能性があるが、三つの役割を「兼任」している人物は、状況に応じて原理的に相反する役割を演じ分け、矛盾した行動をとることを要求されることになる。はたして、アラブ人の多くは、ある種の「分裂症」的な人物であると想定することが適切なのであろうか（大塚、一九九四・四五〜六）

と述べている。ここでの「相反する役割を演じる」が、それまでイトコと思って接していた相手を急に夫として接しなければいけないのだが気持ちの切り替えが難しいという意味であるのなら、矛盾であり分裂症的といえなくもないだろう。しかし自己に都合の良いように相反する役割を使い分けることで、危機を乗り切ることもあり、その場合はいささかも分裂症とは呼べない場合もある。

アラブ社会と同じように父系制で父方平行イトコ婚を行っていた社会に南部アフリカのツワナ人社会がある。複数の首長領に分かれていたこの社会を二〇世紀前半に調査した社会人類学者I・シャペラによると、[20]ツワナでは、親族間の婚姻は奨励され、二つの親族集団が数世代にわたって通婚することも頻繁であった。その場合特定の縁者とのあいだに父方母方両方を通じた系譜的関係をたどれることにもなる。そこでインセストの疑いがもたれても、系譜のたどりかたを操作することで近親婚とみなして処理するケースも出てくる。

**図4**は、異父母キョウダイ、異父母キョウダイの娘、父方平行イトコとの婚姻を認めている首長領(Ngwaketse)の事例である(Schapera 1949・108)。TはGにとって異母兄弟の娘なので、TとGは婚姻可能である。この婚姻で生まれたKはBと結婚した。BはKにとって母方の関係で言えば、母の姉妹つまり

**図４　ツワナの事例**

（Schapera, 1949 : The Tswana Conception of Incest, p. 108 より）

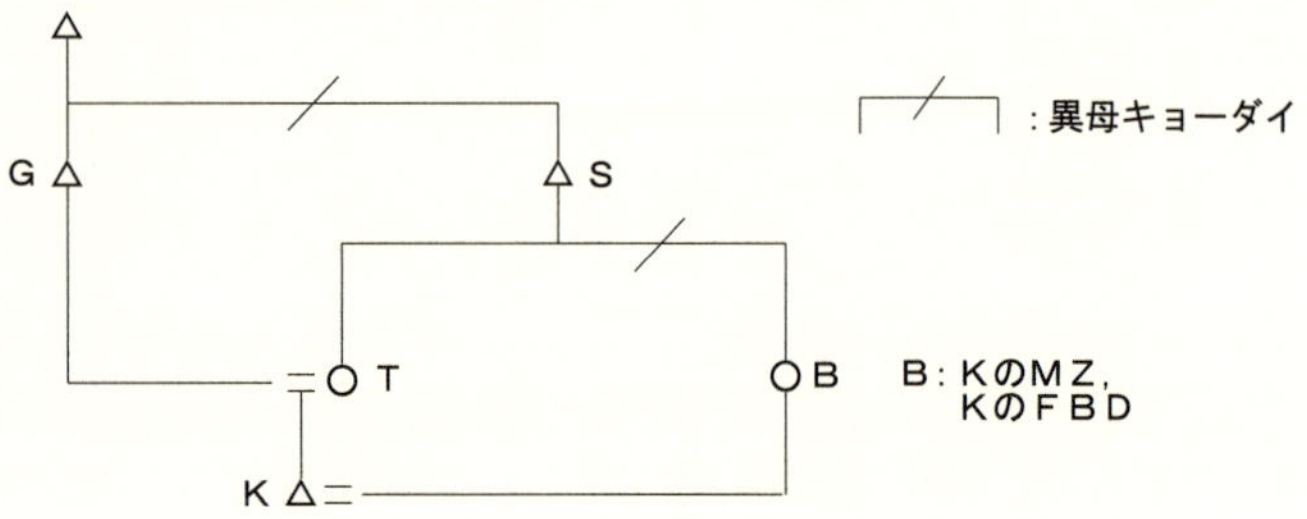


オバで、彼女との関係はインセストになる。しかし、父方の関係で言えば、彼女は平行イトコである。その場合には彼女との婚姻は問題がないどころか奨励されるものになる。父を介してたどる関係がツワナでは強調されていて、それはこの事例でも同様で、Ｋは父方平行イトコとしてのＢと結婚したわけである。母方からみると禁止の対象になる親等でも、父方からみてより遠縁になるなら、その女性と結婚してもかまわない。このように、親族関係の生物学的側面より社会的な面が強調され、関係が操作されている。しかしそれはツワナにとって矛盾でも分裂症的でもない[21]。

「われわれの」文化的先入観を一時的にせよカッコにいれて異文化の親族イディオムを理解しなくてはならないと大塚は述べており、それには賛成するのだが、その際にカッコにいれなければならないのは、レヴィ＝ストロースの連帯理論の枠組みではなく、相反する役割やカテゴリーを使い分けたり一度に体現するのを「分裂症的」とみなす思考様式なのではないか。

## 6 他者と同一者の反転

ヴェズやツワナの事例を検討すれば、全ての婚姻はインセストであるというときのレヴィ＝ストロースが、インセスト＝自然、婚姻＝インセストの禁止・否定＝文化という単純で楽観的な二元論を想定していたのではないことがわかるだろう。とはいえ、インセストとしての婚姻の全体的見取り図は、さらに込み入っており、この点をもう少し理論的に敷衍する必要がある。

既に触れたとおり、婚姻という交換は、同一者を前提としているから、「社会」における「交通」つまりダイアロジックなものではなく、「共同体」内部でのモノローグであるという柄谷行人の指摘は確かに当を得ている。[22] しかしこのことをもって直ちに婚姻を分析しているレヴィ＝ストロースの思考がモノローグ的であると批判できるわけではない。

いかに平凡であろうと決してその生は代替可能ではないという意味において人は全て単独者であり、どんなに微細でも差異＝隔たりが存在し、全く同じなどありえないという意味で、人は互いに「絶対的他者」である。しかしそのような他人や他の集団と女性やものをやり取りするとき交換が成立するということは、お互いを交換ルールが通用する「同一者」であると認めているということだ。つまり婚姻を含めた交換は、「絶対的他者」を「同一者」に変換する。

しかしこれで終わるわけではない。交換の相手は自己と一体化した完全な同一者になったわけではない。縁組であれ言語によるコミュニケーションであれ、何らかの交換が相手との間に成り立つのは、如何に同じ言語を話し同じ家族や地域社会に属しているにせよ、完璧な意思疎通など可能ではないという点において、なお相手が「他者」だからである。自分と全く同じならコミュニケーションする必要などないであろう。交換の成立においては、相手が「同一者」であると同時にそれでもなお代替不可能な単独者としての「絶対的他者」であることが再確認され、ひとたび「同一者」と認めた相手に「他者性」が刻印される。この刻印とは相手に「他者」の表象を与えることである。例えば、配偶者は敵対集団の出身であるというコメントのように。

この表象としての「他者性」は、交換の当事者同士が絶対的に違っているというまさにそのゆえに「他者」であるが、ひとたび交換の関係に入れば、たちどころにルールを共有する「同一者」となり、「絶対的他者性」は、もはや表象を介してしか見出さないものであることを、想起させるのである。それとともにこれまで述べてきた「同一者」もルールの共有者という表象レベルに位置づけられるものであり、「絶対的他者性」に対応するものではないことがわかる。「絶対的同一者」とは、互いに絶対的に異なっているという共通の特徴を持つ点では同じであるという意味での同一者のことであり、だから「絶対的他者」は「絶対的同一者」でもあるのだ。

このように交換では「同一者」と「他者」がめまぐるしく入れ替わり、その構成あるいは編成の有り様は決して単純ではない。レヴィ＝ストロースがそこから目を逸らしてはいないことを、柄谷は見落としている。[23] ルールを共有した「共同体的」交換によって、表象レベルで他者化しない限り、絶対的他者もそして同時に「絶対的同一者」もかいま見ることはできないのだ。

そこでこれまで述べたことは、次のようにいうべきだろう。「絶対的他者」である「絶対的同一者」に「他者性」を表象レベルにおいて断片的にせよ回復させる、つまり「他者化」するメカニズムが婚姻である。しかし同時にそれは当事者が「同一者」であることをも示す。こうした反転性は、婚姻が、インセストを禁止しながらもそれ自体インセストでしかありえないような逆説的なものであることに由来するのだと。

## おわりに——インセストの神話論理に向かって

レヴィ＝ストロースの仕事の中で、親族研究とならんで中心的な位置を占めるのが神話分析であることは周知の事実であるが、神話の構造分析のはじめの一歩とでも言うべき論文が、その題材をオイディプス神話に求めていることも周知の事実である。[24] オイディプスが気づかぬうちに実の母と交わったことをレヴィ＝ストロースは分析の中心に据えたわけではないが、インセストが親族研究から神話分析に至るまで変わらぬ関心のテーマの一つであったことは注意してよいだろう。『神話論理』の第一巻『なまものと火にかけたもの』の最初の神話でもインセストを問題にしている。[25]

ところで神話分析や儀礼の象徴分析でインセストが取り上げられるとき、次のような解釈が繰り返されてきたといってよい。

世界の神話の中で近親相姦はこのように、タブーに触れ、世界秩序を混乱させる行為として、厳しく弾劾される一方で、また非常にしばしば、秩序それ自体もしくはその不可欠の部分を成す要素を生み出す働きをしたと物語られている。つまり、世界や人類、民族、文化などが創造され、コスモスの成立する過程において、近親婚は通常は不可避と見なされ、非常にしばしば積極的な役割を演じるが、いったん世界秩序が確立されれば、その秩序の中では近親婚は、一転して不可侵のタブーとなるのである[26]（吉田、一九八二・二七〜八）。

コスモスを成立させるためにはコスモスを越えた原初的根源的力が必要であり、インセストはまさにそれを体現したものとみなされるのである。

ここではインセスト＝自然→インセスト・タブー（婚姻）＝文化という移行が想定されている。それ故この考えは、レヴィ＝ストロースが述べた文化と自然を蝶番するインセスト・タブーという考えとも符合するかに見えもっともらしく思われる。

しかしインセストを禁止しながらもそれ自体別の水準ではインセストでしかないのが婚姻であり、禁止した当のものを再び召還する点が、インセスト忌避におけるヒトと霊長類を分けるものであるなら、自然から文化へという一方向的な移行の想定はあまりに単純であろう。既に素描したように、事態はもう少しこみいっておりいきつもどりつする振り子のような運動を、これからの神話の構造分析では考えてみる必要がある。

さらに、一方向的な移行や振り子運動という言い方にも潜んでいるが、インセストとその禁止は、時間という概念やカテゴリーの成立とかかわっている。[27] そしてオイディプス神話は人間的時間に関する神話でもある。

オイディプスが実の父親を殺し、実の母と交わることになったのも、彼がスフィンクスの謎「同じものでありながら、二本足でも三本足でも四本足でもあるものは何か」に「人間」という答を与えたからである。何故答が「人間」かといえば、これもよく知られているように、人間は赤ん坊の時は獣のように四つ足で這い、成長すると二本足で歩行し、年をとると杖を使うからである。誕生・成長・老化という、一方向的な移行の時間軸で人間が捉えられていることになる。

しかしこの謎を解いたオイディプスその人はそうした時間の「流れ」の中に身をおけなくなる。彼はテーバイの王となり母であるイオカステを妻にすることで、彼の父ライオス（殺害されたときには杖をついていた）と同じ立場にいることになる。さらに彼は自分の子たちと母を同じくしているのだから、自分の子どもたち（一世代前の四本足）の立場にも身をおいていることになる。[28] そして彼自身は二本足の人である。インセストとは「同時に」二本足でも三本足でも四本足でもあるような時間であり、インセスト・タブーは、従って四、二、三という一方向的な時間をもたらすもののように見える。しかしイ

### 図5　イクワイェの事例

（Mimica, 1988 : p.88 より）

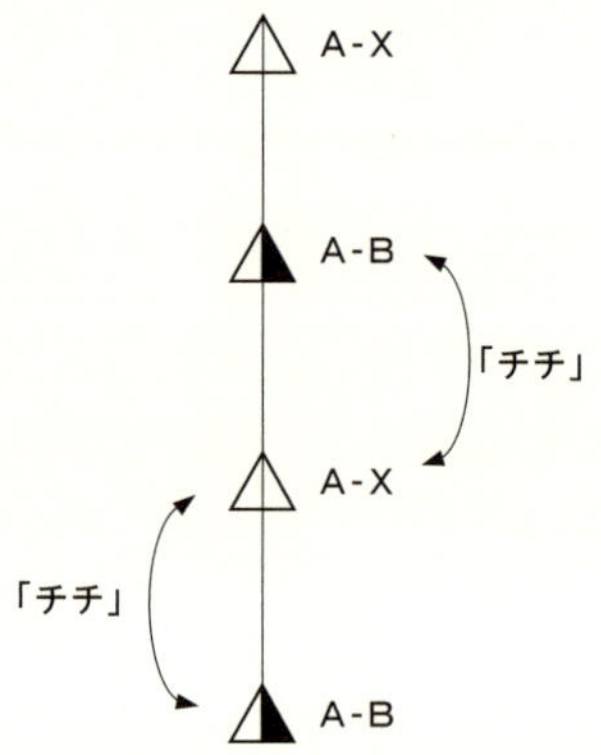


ンセスト・タブー以後に生成する時間の表象は、必ずしも一方向的なものに限られるわけではない。

多くの民俗社会には、孫に祖父母と同じ名前を与えたり、孫を祖父母の生まれ変わりとみなすといった、祖父母と孫という互隔世代の同一化（assimilation of alternate generations）が存在する。この同一視を重んずるような社会、例えば、ニューギニアのイクワイェなどでは、男は自分の息子を「チチ」と呼ぶ。男の息子は男の父と同じだからである。一方男は自分の父も「チチ」と呼ぶ。従って、彼らは、親子三代互いを「チチ」と呼び合うのである[29]（図5）。そこでは世代という時間の流れは絶えず反転・循環しているかのようだ。

もちろん、互隔世代の同一化では、隣接世代の同一化を忌避ないしは禁止するから、イクワイェの世代の時間は、オイディプス的時間と全く同一ではない。オイディプスのインセストがもたらす時間表象は、隣接世代の同一化によるものなのである。そこでは異なる三つの世代は極端な場合全て同一化してしまう。その時間は、最終的には、澱んだものとなる。これに対して互隔世代の同一化では、最小限でも親と子の隣接二世代の区別は維持されたままである。しかしインセスト・タブーと矛盾することなく、あるいは誤解をおそれずにいえば、インセスト・タブー成立「以後」にもかかわらず、同一化現象が見受けられるということは、世代という時間の流れの中に、反転・循環するインセスト的時間が、隣接世代の同一化の禁止という馴化を伴いながらとりこまれていることに他ならない[30]（図6）。

しかし互隔世代の同一化にも、他者と同一者の主題が、インセストとは異なる水準にせよ、介入していることに気づく。孫は祖父母の生まれ変わりであるにせよ、個体としてみれば似て非なる存在である。先ほどのイクワイエでは、祖父は孫を「弟」と孫は祖父を「兄」と呼んで区別し合うのである。

図6

（Allen, 1986 : Figure 2 より）

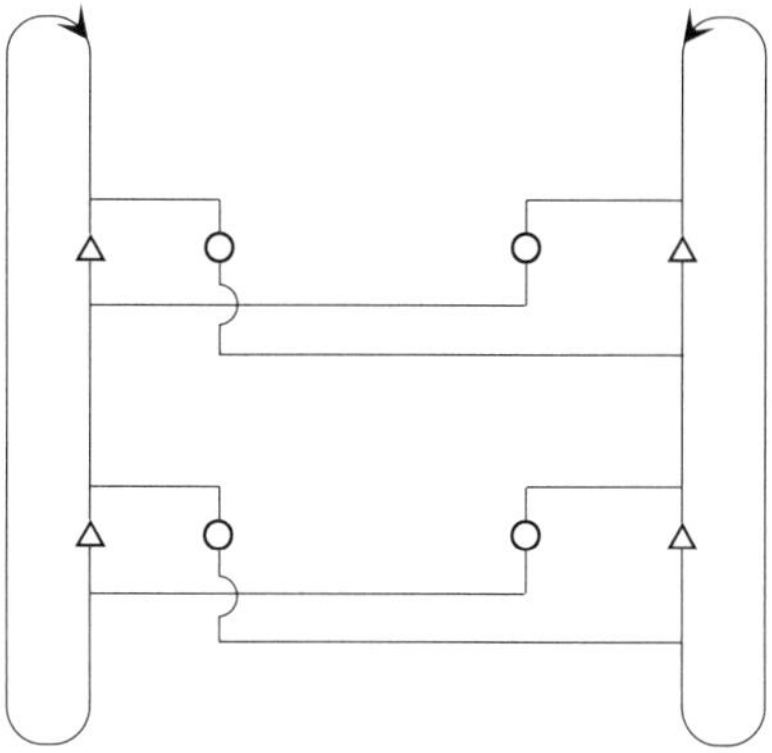

図7

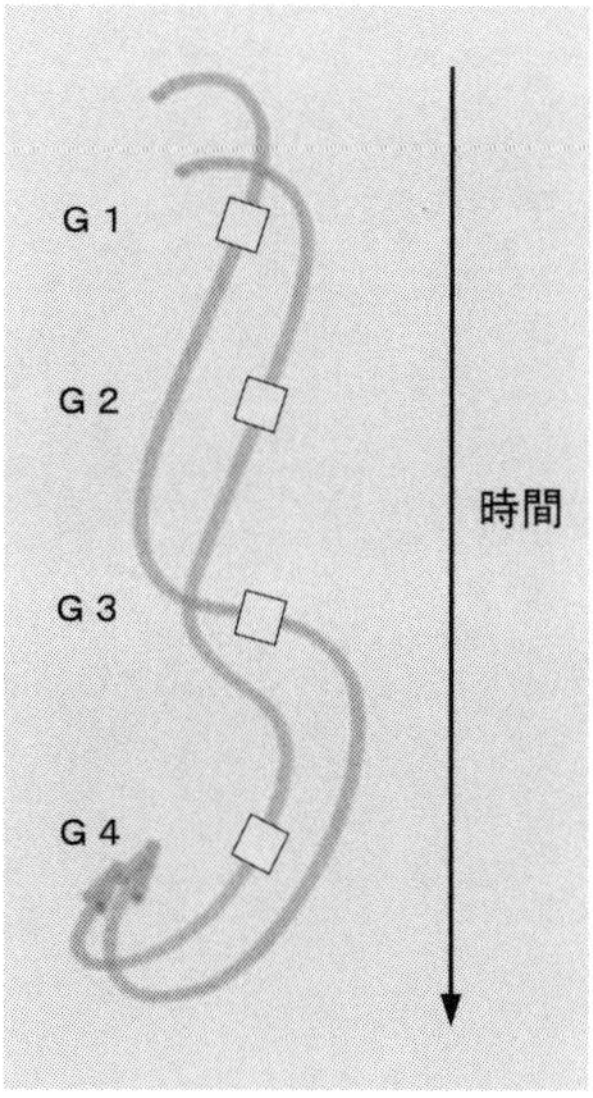

時間は反転循環しながらもなお不可逆的に推移しているのであれば、同一視される互隔世代の間の差異あるいは時間的ズレを反復循環に還元しないで、時間の流れの中に展開させてみるなら、世代の流れは、上位から下位へ一直線的に下降するものではなく、祖父母（G1）と孫（G3）が隔たりながらもなお結ばれることから、螺旋的なもの、しかもG2の世代のものとG4の世代のものは別の螺旋を形成するから、二重螺旋的なものになる（図7）。

こうした時間に目配りすることも、インセストにかかわる神話の構造分析を試みるときには今後省みられるべきだろう。

注

（1）船曳建夫、一九九七「インセスト・タブー」山下晋司・船曳建夫『文化人類学キーワード』有斐閣

（2）山内昶、一九九六『タブーの謎を解く――食と性の文化学』ちくま新書

（3）西田利貞、一九九九『人間性はどこから来たか――サル学からのアプローチ』京都大学学術出版会

（4）出口顯、二〇〇一『臓器は商品か？　移植される心』講談社現代新書、第二章

（5）大塚和夫、一九九四「身内がヨメにくると――アラブ社会の父方平行イトコ婚をめぐって」田中・大口・奥山編『縁組と女性――家と家のはざまで』早稲田大学出版部

（6）「それゆえ基本構造の場合ですら、配偶者選択の自由がある程度つねに残される。逆に配偶者選

択のまったき自由を許す複合構造は一つとしてない」（C・レヴィ＝ストロース、二〇〇〇『親族の基本構造』（福井和美訳）青弓社、一七頁）。

（7）小田亮、一九八九『構造主義のパラドクス――野生の形而上学』勁草書房、渡辺公三、一九九六『レヴィ＝ストロース　構造』講談社

（8）父方平行イトコ婚を奨励している社会ではないが、例えば一九三〇年代のヌアーでは、男にとって、母方の女性親族とのインセストが、父方の女性親族とのインセストより深刻だったのに、八〇年代には、父の姉妹の娘とのインセストが最も悲惨な結果をもたらすとみなされ、自分の娘や同父同母の姉妹とのインセストより悪いものになってきていると、調査者のハッチンソンは指摘している。S. Hutchinson, 1985 Changing Concepts of Incest among the Nuer, *American Ethnologist* 12 (4).

（9）J.-P. Vernant 1990 Oedipus Without the Complex, in J.-P. Vernant and P. Vidal-Naquet *Myth and Tragedy in Ancient Greece*, Zone Books. ヴェルナンはフィリアとエロスの対立の例として悲劇「アンティゴネー」に言及している。この悲劇は人類学者のロビン・フォックスも分析しているが、フィリアとエロスについて、この人類学者の方は何も教えてくれない（R・フォックス、二〇〇〇「乙女とゴッドファーザー」『生殖と世代継承』平野秀秋訳、法政大学出版局）。古代ギリシアの婚姻については、R. Just 1989 *Women in Athenian Law and Life*, Routledge, 桜井万里子、一九九二『古代ギリシアの女たち』中公新書などを参照。

（10）S. Joseph 1994 Brother/Sister Relationships: Connectivity, Love and Power in the Reproduction in Lebanon, *American Ethnologist* 21 (1).

（11）J. Middleton 1958 The Lugbara of Uganda, in J. Middleton and D. Teit (eds.) *Tribes without Rulers*, Routledge and Kegan Paul.

(12) 柄谷行人、一九八六『探究I』講談社
(13) E・バンヴェニスト、一九八六『インド・ヨーロッパ諸制度語彙集I 経済・親族・社会』言叢社
(14) C・レヴィ＝ストロース、前掲書
(15) C・レヴィ＝ストロース、一九七六『野生の思考』(大橋保夫訳) みすず書房
(16) 小田亮、二〇〇〇『レヴィ＝ストロース入門』ちくま新書
(17) C・レヴィ＝ストロース、二〇〇一「狂牛病の教訓——人類が抱える肉食という病理」(川田順造訳)『中央公論』四月号。その神話研究の初期に属する「アスディワル武勲詩」の中で、北米先住民のツゥムシアン族には、キャンドルフィッシュから油をとるために、裸になった女達が乳房を絞り器の代わりに用いなければならない儀礼上の規則や、鮭を切るのに石・骨・金属でできた刃物を禁止する慣習があることを指摘し、これらは魚が人間ではないことを示すようなものを否定して、人間と魚の関係をより「直接化」するものだとレヴィ＝ストロースは分析している。またこの分析の直後には、鮭の王国を訪れた王子が鮭と連盟を結び、魚の姿になって戻ってくる神話の中に、鮭に迎え入れられた王子は、鮭と同じものを食べてはならないこと、しかし魚そのものを殺し食べることにためらってはならないというエピソードがあることに言及している。鮭を食べることは同一化したものを食べるカニバリズムに他ならない。しかしそれは他ならぬ魚にそう命じられた回避できないカニバリズムなのである(C・レヴィ＝ストロース、一九七四『アスディワル武勲詩』(西沢文昭・内堀基光訳) 青土社、六四〜六頁)。
(18) R. Astuti 2000 Kindreds and Descent Groups : New Perspectives from Madagascar, in J. Carsten (ed.) *Cultures of Relatedness*, Cambridge Univ. Pr.
(19) R. Astuti 1995 *People of the Sea : Identity and Descent among the Vezo of Madagascar*, Cambridge Univ.

Pr. p. 83.

（20） I. Schapera 1949 The Tswana Conception of Incest, in M. Fortes（ed.）*Social Structure*, Oxford Univ. Pr.

（21） 首長階層は、平民層よりも父方平行イトコ婚が多く、平民層では母方交差イトコ婚が好まれていた。しかし首長階級の父方平行イトコ婚は政治的な理由によるもので（例えば、緊張関係にある首長同士、首長の父系親族同士のあいだを緩和するため）、結婚するイトコたちは、同じ地区（ward）に共住しているとは限らなかった。つまり父方平行イトコという出自の上では「近親」（身内）でも、地縁的・政治感情的には「よそ者」であったといえる（I. Schapera 1963 Agnatic Marriage in Tswana Royal Families, in I. Schapera（ed.）*Studies in Kinship and Marriage*, RAI）。またツワナでは絆（linking, *go rulaganya*）という同父同母のキョウダイ間に特別なつながりをもたせる慣習があり、この絆でペアになったキョウダイは「生涯活動をともにする」と言われるくらい親密かつ緊密になる。絆をもつ異性のキョウダイとの性関係と婚姻は禁止されるが、その子どもたちつまり交差イトコ婚は望まれたものになる（I. Schapera 1950 Kinship and Marriage among the Tswana, in A. R. Radcliffe-Brown and D. Forde（eds.）*African Systems of Kinship and Marriage*, Oxford. Univ. Pr., p142, 150, 151）。

　ツワナでは結婚すると、夫婦に子どもができるまで夫は妻問い、ついで家族が夫の父方の世帯に戻る慣習も地域によっては存在する。あるいは結婚式がすんだら夫の父の世帯でまず暮らす。夫の家族のそばで暮らすとき、たとえ妻が夫の家族の親族であっても、そこでの生活は緊張を強いられるものになる。親族のつながりよりも「嫁」としての立場が重視されるからである。彼女は単調で退屈な仕事を言いつけられるが、へりくだってそれに従わなければならず、家族の役に立つ新たな一員であることを証明しなくてはならない。「身内」でも楽ではないのだ（I. Schapera 1940 *Married Life in an African Tribe*, Faber. P103,114, I. Schapera 1953 *The Tswana*, IAI, p35）。このツワナの例、ならびに先ほどの古代ギリシアや現代アラブ社会のように、父系制社会で父方平行イトコ婚を奨励している社会では、実の兄弟‐姉妹のあいだには、彼らを他の親戚から差異化する、親密な絆が存在するという仮説を想定してみることができる。

(22) 柄谷行人、一九八六〜九『探究Ⅰ』『探究Ⅱ』講談社

(23) この点については、拙稿、一九九三「誤解されるレヴィ＝ストロース――適正な距離、力強い空虚、他者」(『講座現代思想　五　構造論革命』岩波書店)を参照。レヴィ＝ストロースは、「共同体」に属する者同士さらには自分自身との間でのコミュニケーションの不成立の問題にも、神話分析の中で関心を寄せ続けている(C・レヴィ＝ストロース、『アスディワル武勲詩』、一九八八「神話と失念」「アメリカのピタゴラス」『はるかなる視線　2』(三保元訳)みすず書房)。一方、これまで誰も指摘していないが、柄谷の共同体‐社会の理論は、日本経済のバブル期に登場し、まさにその時期のみ流通した言説である。バブルがはじけた後あちこちの企業でリストラが繰り返されてきたが、リストラとは、命がけの飛躍を必要としないと思われていた「共同体」であるはずの会社が、実は他者＝社会であることを露呈させたものである。そこではコミュニケーションつまりこちらの言い分さえ聞いて貰うことが困難である。つまり自己の間でのコミュニケーションの不成立である。自明だと思っていた内部が、いともたやすく外部化するこの反転現象に、レヴィ＝ストロースは既に述べたように、注意を払い続けているが、柄谷の理論は納得のいく説明を与えていない。『探究Ⅲ』がついに完成しなかった所以であろう。

(24) C・レヴィ＝ストロース、一九七二「神話の構造」(田島節夫訳)『構造人類学』みすず書房

(25) C. Lévi-Strauss 1969 *The Raw and The Cooked*, Harper and Row.

(26) 吉田敦彦、一九八二『神話と近親相姦』青土社

(27) インセストという交換の命令により、近親者が他の集団へ配偶者として与えられてから、一方よ

その集団から自らの集団に配偶者が婚入するまで、当然ながら時間的隔たりがあることを考えれば、インセスト・タブーが時間の生成をもたらすものであることはたやすく理解できるだろう。

（28） J.-P. Vernant 1990 Ambiguity and Reversal : On the Enigmatic Structure of Oedipus Rex, in Vernant and Vidal-Naquet, op. cit.

（29） J. Mimica 1988 *Intimations of Infinity : The Cultural Manings of the Iqwaye Counting and Number System*, Berg, p88. cf. 拙著、一九九五『名前のアルケオロジー』紀伊國屋書店、p. 214

（30） 仮に互隔世代の同一化が、N・アレンが説くように、兄弟姉妹間のインセストの禁止とセットになって登場するものなら、インセスト・タブーは、隣接世代の同一化の禁止＝互隔世代の同一化を命令する。しかしそれはオイディプス的時間を一掃しているのではない。一方向に流れるだけではない時間表象を保ちつつも、そこにあった澱みや停滞を巧妙に回避しているのだ（N. J. Allen 1986 Tetradic Theory: An Approach to Kinship, *JASO* 17）。

（31） N. J. Allen, 1989 Assimilation of Alternate Generations, *JASO* 20,1998 The Prehistory of Dravidian-type Terminologies, in M. Godelier, T. Trautmann, and F. Tjon Sie Fat（eds.）*Transformations of Kinship*, Smithsonian Institution Press, 小馬徹、一九九七「アフリカの人々と名付け 36」『月刊アフリカ』一二月号

＊インセスト・タブーはネガティヴな禁止（フロイト）か、ポジティヴな交換の命令（レヴィ＝ストロース）か？

# 幻想と現実のはざまのインセスト・タブー

## ――フロイトからレヴィ＝ストロースへ――

渡辺公三

# はじめに

インセストそのものとはいわないにしても、インセストについて語ることが、わたしたちを不思議に魅きつけるということがあるのだろうか。インセスト・タブーをめぐるこのような討論の場がなりたつこともその証左かもしれない。そしてなぜ、今、インセスト・タブーなのか。出版物のデータベースを瞥見すると、アメリカではさまざまな角度からインセストを論じる本がさかんに出版されている。インセストを語ることには、何かしら基本的な関係が崩壊し変容しつつあるという直観が表明されている、と理解するべきなのか。

禁じられた関係として、インセストが存在しえないはずのものであること自体が、わたしたちの想像力を刺激する。インセストについての語りは、単純な現実を変容し、より高次の、「これが空想なのか、それとも忘れられた現実の回帰なのか、それはどちらでもよい」(1)といえる心的現象のリアリティーの次元へと誘うともいえるかもしれない。インセストをめぐる幻想と現実という両極を対置すると、それぞれがフロイトとフロイトを批判するレヴィ＝ストロースの思考のベクトルの方向に対応するように思える。前者は禁忌の生み出す幻想の現実性に執着し、後者は否定的な禁止を肯定的規範の現実に読み替えるという立場を堅持する。

この小論は、互いにほぼ半世紀を隔てて現代の人間理解の到達点を示す両者の（フロイトは一八五六年生まれ、レヴィ＝ストロースは一九〇八年生まれ）、インセストをめぐる対照的な位置を確認しようというささやかな試みである。

## 1　インセストの原光景

洪水の後に残された兄妹の交わりから人の世が再び始まることを物語る神話に耳を傾けた人々や、不可解な哀切さを漂わせる「兄弟心中」の歌を誰ともなく歌い出す円居する老婆たちが、何を感じ取っていたのかは、もう思い描くことはできない。わたしたちにとってインセストの物語とは、まず、フロイトによってわたしたちの精神構造にこっそりと仕込まれたらしいエディプス神話であり、またやや大仰な芝居絵の印象を与えかねない『トーテムとタブー』(2)に描かれた父殺しの物語なのではないだろうか。

この論考でフロイトは、ダーウィンの提起した「原始ホルド」のイメージに依拠して、太古の強権的な父による女の独占があったと仮定する。ホルドから弾き出された若い男たちは、兄弟集団を作って父を遠巻きに眺めて羨望することしかできない。やがて兄弟集団は団結して、老いて衰えはじめた父を殺し、恐れていたその強大な力をとりこむために死体を切り刻んで生で食ってしまう。しかし羨望しつつ畏怖していた父を食べることによって同一化した子供たちは悔恨にかられ、屠った父を哀悼し、兄弟のうちの誰かひとりが父の座を再び占めることのないよう、母や姉妹を占有することを断念する。こうしてインセスト・タブーが生まれ、掟そのものの端緒となる。やがて父のイメージは動物によって代替され、トーテム動物の供犠がおこなわれることになる。供犠は原初の父殺しの代替反復にほかならない。これがフロイトの描くインセスト・タブーの起原に起こったとされるできごとである。

## 2 フロイトにおける現実から幻想への転換？

原初の父殺しの物語の構造と、個体ごとのその反復再現と仮定されたエディプス複合の構図の間には、重なり合う部分とずれる部分がある。性的な対象への欲望と、それを占有する父が死ぬことの願望が表裏一体となっていることは共通する。神話の兄弟団が父を殺して食べてしまうのと、現実の子どもが去勢不安や動物恐怖症(3)に陥り、父から貪り食われるという幻想さえもつとされることは逆転した関係になる。神話の父が兄弟団にとっての母のみならず姉妹たちを独占する(しかし結果として生起するのはとりわけ姉妹へのインセスト・タブーである)ことと、エディプス複合が男子の母への欲望とその抑圧を軸として形成されることとの間にはかなりの隔たりがある。いずれの場合も、欲望の対象としての娘あるいは姉妹、そして妻あるいは母が物語のなかで沈黙を守っていることは共通している。

父殺しの物語を、人類学者クローバーのように、物語の個々の構成要素がいかに根拠を欠いているか逐条的に暴き、Just so story と呼んで片づけてしまうのではなく[4]、エディプス複合の構図とのずれの隙間に垣間みられるフロイト自身の願望を読み取ることはできないだろうか。

そうした解読のひとつの手がかりとして、フロイトの思考の軌跡を父ヤコプとの関係で詳細に跡付けた『フロイトとその父』を参照することができる[5]。その論旨を極端に切りつめて示せば次のようなものとなろう。

○エディプス理論を着想する以前のヒステリー研究に専念していたフロイトは、ヒステリーの病因を心的外傷に求めていた。心的外傷は基本的に大人から子ども（性的成熟前、四〜八歳ごろ）への暴力的で、多くの場合インセスト的な接触を原因とするという、いわゆる「誘惑理論」をフロイトは一八九六年五月にはほぼ完成していた[6]。

○この「誘惑理論」をフロイトは一八九六年一〇月の父の死とそれに続く「自己分析」の過程で放棄し、ヒステリーの病因を大人からの現実の誘惑ではなく、子どもの想像力の働きとその抑圧に求める方向に転換した。

○この転換を起点にフロイトはエディプス複合の理論の構築へと進んでゆく。その動機は、フロイト自身と自分の兄弟姉妹の幼年期の体験に、父からの「誘惑」の理論を適用して、父の真実の姿—父の性生活—を暴くことを自ら抑圧し放棄したことにあった。

子どもが現実に経験する大人からの誘惑と、それによってもたらされる心的外傷の理論を、自らの父に適用することを抑圧し、子どもの幻想を基礎とするエディプス複合の理論へ、いいかえれば子どもの経験する現実から、子どもが創出する幻想の現実性への視点の移行があったというのである。それはフロイトの自己韜晦と表裏一体となった視点の転換であった。

エディプス複合の概念がその後どのように洗練されてゆくか、ここで詳しくふれる余裕はない。ただ、この移行がおこなわれて十数年後に構築された原父殺しの「神話」においては、ある意味では大人（とりわけ父）からのインセスト的な「誘惑理論」と、子どもが無意識に構築する幻想としてのエディプス複合との均衡が計られているといえないだろうか。「誘惑理論」を幻想レベルで強化し再現したとも見なせる強権的な父による性欲の対象の独占という事態と、エディプス神話に裏付けられた子どもによる父の殺害という事態は、同一平面での現実のできごとと想定されており、したがってともに「空想」であると同時に「忘れられた現実の回帰」とも呼びうる次元に属することになるからである。(7)

## 3 自然から文化への移行と断念の共有

レヴィ＝ストロースの『親族の基本構造』においては、インセスト・タブーは「自然状態から文化状態への移行」という人間の条件の発生の根本的な転換点を記すものと位置付けられている。それは、禁忌の規則として文化の領域に属すと同時に、インセストをタブーとしない社会は存在しないということから、生物学的条件と同様の普遍性をもっているとされる。

レヴィ＝ストロースによれば、インセスト・タブーの存在を、文化と自然の分離に帰着させる説明、あるいは両者のどちらかの状態に還元する説明はいずれも破綻している。それは両者のある特殊な統合と考えるべきなのである。それは確かに不可逆的な移行ではあるが、そこで自然状態が廃棄されてしまうのではない。「インセスト禁忌とは自然が自己を乗り越えるプロセスである。インセスト禁忌の起こす火花の働きによって新型の、より複雑な構造が形成される。この構造は、いちだんと単純な心的生活の諸構造を統合しつつそれらと一緒になる。[8]」

この統合的な心的構造は、親族関係の形成と密接にかかわっている。親族関係の形成を親子関係と婚姻関係という相互補完的なふたつの軸の結合として考えるとすれば[9]、この心的構造は、選択の余地のない生物学的条件を課された親子関係（「蛙の子は蛙」すなわち親は子を、子は親を選ぶことはできない）ではなく、本来自然的には決定されず自由でありうる配偶者選択の領域に根差すのでなければならない。本来自由な選択が可能だからこそ、規則が介在し、それがある統合作用を発揮しうるのだから。

こうしたインセスト・タブーの位置づけはそのまま、レヴィ＝ストロースが親族関係論全体を配偶者選択、すなわち婚姻関係を基軸に構築するという方向の宣言ともなっている。そこに、インセスト・タブーの発生を親子関係を基軸に考えるフロイトとの、さらには親子関係の世代を越えた連鎖、すなわち「出自」そして親の世代における権威の位置を基軸に親族関係を分析する英米の人類学の発想との、基本的なパースペクティヴの違いが表明されている。欲望―禁止―抑圧という系列から社会的関係の形成をとらえるフロイトと、自由―規則―交換という系列から社会関係の形成をとらえるレヴィ＝ストロースは、探求のベクトルを異にしている。後者においては言語の諸規則がそうであるように、規則はコミュニケーションが成立するための条件と位置付けられる。[10]

自由な選択の可能性こそが規則を導出するという過程が成立する条件は何か。この問いに対してレヴィ＝ストロースは、「親族の原子」と呼ばれる、おそらく『親族の基本構造』を探求し始めた初期に着想を得たと思われる独自の分析で回答を与えている。その論文はL・H・モーガンなど一九世紀に形成された初期社会人類学から引き継がれた、一見きわめてテクニカルな人類学の主題を取り上げたものである。すなわち、多くの親族関係体系に観察される、「母方のオジ」の特殊な地位をどう理解すべきかという問いである。そこには人類学の特殊な問題に、構造言語学から学んだ普遍的な視角から照明を当てる、鮮やかな手際が示されている。[11]

「母方のオジ」は多くの社会で姉妹の息子と独自の親密な関係をもっていることが報告されている。多くの人類学者はこのことを、たとえば母権的な社会構造の残存といった仮説によって説明してきた。しかしこの仮説は余計であるばかりでなく、「母方のオジ」の存在を特別な仮説で説明すべき特別な存在と見なすこと自体が誤りなのである。なぜならインセスト・タブーが普遍的に課せられるという人間社会の条件のもとでは、男が女を獲得するには、これを別の男から得るより他なく、後者は女を娘なり姉妹の形で前者に譲り渡すという以外にはない。「したがってなぜ母方のおじが親族構造に現れるかを説明する必要はない。おじはそこに現れるのではなく、そこに直接与えられており、その構造の条件を成しているのである。[12]」

親族構造とは、配偶者としての女性の授受から生起する関係の構造に他ならない。そしてこの関係が成立するためには、男は互いに近親の女性を自らのパートナーとしては諦め、他の男から譲渡されることを当てにする他はない。親族関係は極端に凝縮すれば、一人の男と、その配偶者の兄弟、そしてその婚姻から生まれる次世代の子どもの四者関係であり、それは男が身近な女を性的伴侶としては断念することによって、初めて成立可能なものとなる。

男たちが「断念」を共有することで、女性の交換が成立する。これは果たしてフロイトが太古のできごととして描いた兄弟集団による姉妹の断念、すなわちインセスト・タブーの生成と同じ事態を指し示しているのだろうか。

ふたつの断念の決定的な違いは、父との同一化ということが条件となるか否かにある。フロイトの兄弟集団においては、断念は男それぞれの個別の意識内でおこなわれる両面価値的な同一化すなわち、体内化による父との同一化と同時に、父と同じ権力を獲得することを放棄することによる同一化の否定として生起するのに対して、レヴィ＝ストロースにおいては、当初から女性を介した複数の（最低二名の）男の相互関係として生起する点にある。前者においては父との関係が先行条件として必要なのに対して、後者では女性を介したパートナーとなる複数の男の関係が必要条件となる。[13]

こうした「親族の基本構造」が可能とする女性の交換による「関係の生成」こそ、レヴィ＝ストロースが人類学の探求で断固として保持しようとする「現実性」の次元なのだといえるだろう。断念を課す禁止としてのインセスト・タブーは「交換せよ」というポジティヴな命令として理解されなければならない。フロイトにおけるインセスト・タブーが「独占してはならない」という禁止命令にほかならないとすれば両者の対照性は鮮明である。(14)

## 4　交換体系の三つの位相

『親族の基本構造』のいう「基本構造」とは、一定の親族カテゴリーをパートナーの選択の範囲として指定する親族体系の構造を指す。いっぽう近親の範囲を禁止するだけで望ましい結婚のパートナーのカテゴリーを特に指定せず、親族体系以外のさまざまな判断基準にゆだねる（美貌であるとか、裕福であるとか）親族体系は「複合構造」と呼ばれこれと対比される。「複合」という用語の意味は、配偶者選択の基準が親族関係以外の要素と複合しているという意味に理解される。こうした問題設定は、基本構造はどのようにして複合構造に移行するのかという問題を内包している。さらにいえば、ネガティヴな禁止を基礎に親族関係を構築している世界に生きる者は、どのような視点を設定すればポジティヴな規則を基礎に親族関係を構築している世界を理解できるのか、という問いに敷衍できる。異質な構造を通約可能な体系に変換するための視点はどのように設定しうるか、それがレヴィ＝ストロースの親族関係論に孕まれた問いであった。

インセスト・タブーをネガティヴな禁止ではなく、ポジティヴな命令であると理解し、その命令がさらに一定の親族カテゴリーをパートナーの選択の範囲として指定する基本構造という形をとると理解する時、人間はどのような親族関係の構造の生成に立ち会うことになるのか。『親族の基本構造』の基本的モチーフは、こうした思考実験による親族関係の構築を、オーストラリアを中心にインドから中国を経て東北アジア地域まで縦断する、膨大な民族誌資料の蓄積を読み解くことで検証しようというものだった。その長い旅程のなかで、一九世紀から継承された親族関係研究の多くの主要な課題が俎上に乗せられることになる。

親族関係論の重要なトピックと見なされた「外婚規制」（自分の属する親族カテゴリーとは異なった集団に属する異性と婚姻しなければならないという規則）、人類学者の探求心を刺激する未開社会の奇習ともいえそうな「交叉イトコ婚」の制度（一定のイトコのカテゴリーとの結婚をより適切なものと見なす）、モーガン以来さまざまな地域で検討されてきた「双分組織」（社会が「上・下」「北・南」など多様な対――その対関係は敵対から婚姻関係まで多様であり、この二つも必ずしも矛盾はしない――を成す部分の結合からなるとする）の問題などが、親族関係の領域固有の問題群として存在した。これらがインセスト・タブーの問題と結び付けられ、どの現象が別のどの現象から因果関係によって導出できるかという問いがさまざまに論じられていた。レヴィ＝ストロースは、これらの現象が因果関係によって結びつくのではなく、同一の交換の構造の異なった次元での現れとして把握できることを示すことを『親族の基本構造』の目的としたのである。

本来はネガティヴな禁止であるとされがちなインセスト・タブーが、じつは結婚すべき親族カテゴリーを指定するポジティヴな規則として機能し、それによって集団間に女性を交換するパートナーとしての一定の安定した関係を生成する。その関係が社会のさまざまな次元で現われたものを、人類学者は「外婚規制」「交叉イトコ婚」「双分組織」として捉える。これがレヴィ＝ストロースの見方である。それは同一の構造の多様な形態における反復であって因果連関する個別の現象ではない[15]。

人類学の研究は、自然科学から借用された狭い意味での因果関係のモデルを使って進めることはできないし、歴史的な因果関係のモデルの有効性に全面的に頼ることによっても進められない。当時ヤコブソンによって目覚しい展開を見せていた構造言語学こそ、レヴィ＝ストロースにとって、同一の構造の異なった次元での反復というモデルを提供できるディシプリンであった。

交換の命令は一人の女性を挟んだ二名の男と、女性の生む子どもの作る四者、レヴィ＝ストロースのいう「親族の原子」のレベルを構成する。親族の原子が少なくとも二世代に広がり親の世代と子の世代を含む婚姻関係が問題となる時、イトコ間の婚姻にかかわる規則すなわち「交叉イトコ婚」が問題となる。イトコというカテゴリーによって結び付けられる人々の関係は、まだ個人と個人の関係であり個体間関係と呼ぶことができる。関係が個別の個人が帰属するより広いカテゴリーのレベルに移されれば、個体間関係がただちにカテゴリー間関係として表現され、親子の関係もA、Bというカテゴリーの親の婚姻からCというカテゴリーの子が生まれる（A+B→C）という、広い意味でのカテゴリー間の演算の形式で捉えられることになる。
こうして婚姻関係は、親族の原子という個体間関係のレベル、イトコ婚といういわば参照点としての個人を必要とする中間的なカテゴリーのレベル、そして個人の帰属関係だけを保存して、参照される具体的な個人が捨象されたカテゴリー間関係のレベルの、それぞれにおける交換の規則の現実化として捉えられることになる。この交換の現実性は、さらに生理的、生物学的レベルまで拡張すれば、婚姻関係による遺伝子の交換という現実の第四の位相までも含むものとなる。広義の親族関係が遺伝子の交換までも統御するという点に、インセスト・タブーを通じて「自然が自己を乗り越え」「単純な心的生活の諸構造を統合しつつ」新たな構造を創出するというレヴィ＝ストロースの視点の射程を確かめることができるだろう[16]。

**注**

（1）「人間モーセと一神教」『フロイト著作集11』（人文書院、一九八四、p 337）原著は一九三九年、フロイトの死の直前に公刊された。
（2）『フロイト著作集3』（人文書院、一九六九、原著は一九一三年刊）フロイトはこの物語に託された意味をまったくかえることなく、最晩年の「人間モーセと一神教」で再び取り上げている。
（3）「トーテムとタブー」『フロイト著作集3』（同上、p 253-）
（4）Kroebar, « Totem and Taboo », *American Anthropologist*, NS Vol. 22, pp 48-55, 1920
id, « Totem and Taboo in Retrospect », *The American Journal of Sociology*, XLV, pp 446-451, 1940

一九四〇年の回顧論文でクローバーは、一九二〇年の論文でおこなった容赦のない批判を一定程度和らげようという素振りを示している。またJust so storyという表現は、クローバーの批判を読んで趣旨を理解したフロイト自身の言葉であったと記している。

(5) クリュル、M、『フロイトとその父』水野節夫・山下公子訳(思索社、一九八七)

(6) フロイトはヒステリーの病因論を築くためにシャルコーとは異なった視点から「性的なもの」に注目していた。一八九六年に公表された「ヒステリーの病因について」(『著作集10』、p7-32)で、フロイトは、幼児期にさまざまな現実の性的接触を強いられて心的外傷を負った子どもが、成長後にヒステリー症状を呈するとしている。自ら診察した男性六名、女性一二名、計一八の症例を、三つのグループに分けて説明している。すなわち[1]大人の男から女の子に対する多くは暴力的な行為、[2]子供の世話をする立場の大人(たとえば子守り女、乳母、住み込みの女家庭教師、近しい親戚の人等が挙げられている)から働きかけられた、ある程度持続的な恋愛関係、[3]多くは兄妹間に生じる子供どうしの関係、である。ただし、同じ論文のさらに先で説明されるように、「二人の子供の間に関係が生ずる場合でも、……すべての子供同士の関係が、大人による一方の子供の誘惑を前提としている(たとえば大人の女性から手ほどきされた兄が妹を誘惑する)」のであり、結局はヒステリーをもたらす幼児期の性的経験は、大人からの理不尽な働きかけが原因となっているとされるのである。そして「……神経症の原因はつねに大人の側から与えられることになりますし、子供自身は、後になってヒステリーに罹患する素因を互いに伝達しあうことになります」とまとめている。

エディプス複合とその幻想の基礎としての父殺しの神話が父—息子関係にのみ焦点を合わせるのに比べて、ここで取り上げられている多くはインセスト的な関係は、兄—妹を中心にしつつ、かなり多岐にわたっていることが注目される。このエディプス以前のフロイトの視点は、今日問題とされる幼児の性的虐待の報告の実態により近いのではないだろうか。

（7）『フロイトとその父』の作者クリュルが、親友フリース宛てのフロイトの手紙を根拠として「誘惑理論」から「エディプス複合」への展開における「父」の役割を解明する過程の詳細はとても手短には紹介できない。その過程の重要な転機は一八九七年九月二一日の誘惑理論の「取り消しの手紙」だとされる。その分析は同著のp 75-81を参照。この小論の議論の文脈で書き留めておきたいのは、この「取り消しの手紙」に先立つ九七年五月三一日の手紙に添えた草稿Nと呼ばれる文書の末尾にあるという次の一節である。著者クリュルは「思考の筋道が不意に途切れるために読んでいてハッとさせられる」という注記を添えている。

「『聖なるということ』の定義。『聖なる』というのは、人間たちがより大きな共同体の利益のために、自分たちの性的自由や倒錯の自由の一部分を犠牲にしてきたという事実に基礎をおいたものである。近親相姦を（邪悪なものとして）嫌悪する基礎には、家族成員たちが（それが幼児期のことであっても）性的共同体を形成していた結果として永続的に結合し、よそ者との接触能力がなくなるということがある。したがって近親相姦は反社会的なものであって、文化の本質は、これを前進的に断念してゆくところにある。この逆が『超人』である。」

（8）『親族の基本構造』（福井和美訳、青弓社、二〇〇〇、p 94）

（9）親族関係における血族関係（ここでは親子関係と呼んでいる）と姻族関係の相互補完的な関係については、デュモン『社会人類学の二つの理論』（渡辺公三訳、弘文堂、一九七六）参照。そこでデュモンは、イギリスとアメリカの人類学においては血族関係が重視されがちであること、血族関係が生物学的親子関係に還元されがちであることを強調している。

しかし人類学にとって親族関係が重要なのは、レヴィ＝ストロースを引きながらデュモンが強調するように、それが「自然」な生物学的関係と一定の乖離を常に示すからなのである。その乖離はとりわけ姻族関係に焦点を合わせることでより鮮明なものとなる。

(10) フロイト的な超自我、抑圧、複合という一連の概念群と、イギリスを中心とした構造機能主義における父系あるいは母系の単系出自における権威の布置、およびそれに対比される寛容な関係の布置という概念群はかなりの程度親和性がある。このことは探求の基礎におかれる無意識の概念におけるフロイトの精神分析的無意識とレヴィ＝ストロースが依拠する言語学的無意識とのユーリスティックな意味の相違にも関連すると思われる。そのことは拙著『レヴィ＝ストロース——構造』(講談社、一九九六)にも触れた。こうしたベクトルの違いがインセスト・タブーの位置づけにどう関連するかを検討することがこの小論の狙いであった。

(11) 右にふれた拙著参照。またヤコブソン『音と意味についての六章』(みすず書房、一九七七)とそのレヴィ＝ストロースよる序文を参照

(12) 「言語学と人類学における構造分析」(初出は一九四五)『構造人類学』(川田順造他訳、みすず書房、一九七二、p 37-61)

(13) 断念の共有によって形成される関係の構造は、『親族の基本構造』第一部、第七章『古代的』をめぐる錯覚」においては、児童心理学の専門家スーザン・アイザックスによる幼児の観察に依拠して検討されている。
ただ、フロイトにおいても、レヴィ＝ストロースにおいても、なぜ男たちは「断念」できるのか、と

いう一見奇妙な問いを立てることができるかもしれない。断念を共有することが親族関係の生成の条件だとすれば、まず断念できることは必須の前提である。言い換えれば、男たちはなぜ互いにもっとも身近な女たちを「譲渡することの可能な」自分のものとみなすことができるのか、が問われる。このことはレヴィ＝ストロースが「親族の原子」で検討した兄弟姉妹の間の関係がポジティヴな記号で表される親密なものか、ネガティヴな記号で表される疎遠なものかという問題とは直接関係がない。なぜなら、そうした記号を付して「親族の原子」の体系を構成できるための前提条件が問われているのだから。

“Réflections sur l'atome de parenté”, *Anthropologie structurale deux*, 1973, pp 103-135 は、身近な女を「譲渡」できる主体が兄弟以外の者、あるいは互隔世代の者である場合、「親族の原子」が基本構造から拡張したものとなることについて議論している。

（14）こうして「交換」という現実性の次元が確保されたうえで、多様な形態をとる交換とそれによって生成する関係が、原理的にはあらゆる場合に、欲望の動態から生ずる幻想の次元をともないうることは認めるべきであろう。たとえば、男が妹を別の男に妻として与える時、両者の間に同性愛の幻想が交換されている、というように（レヴィ＝ストロースの親族論への補完として書かれたと自ら規定している Devreux, G., “Considérations ethnopsychanalytiques sur la notion de parenté”, *Ethnopsychanalyse Complementariste*, Champs Flammarion, 1985, p 213-252 を参照）。著者ドゥヴルーはこうした交換に付随する幻想の循環という立論の根拠を、レヴィ＝ストロース自身が『親族の基本構造』の最終章で、交換の構造の次元から象徴としての女性の「価値」の問題の領域に移行する可能性を示唆していることに置いていると思われる（注16参照）。

（15）親族構造の研究においてレヴィ＝ストロースが想定する同一の構造は、『親族の基本構造』の第七章に要約している「互酬性の構造」である。

(16) しかし、『親族の基本構造』は、こうしたさまざまな位相における交換の現実を記述することで巻を閉じているわけではない。終章の第二九章は「親族の原理」という表題を与えられ、現実とは位相を異にする「象徴思考」に言及することで終わっている。

「……象徴思考の出現は女を、発せられる言葉のように、交換されるモノに変えざるをえなくなったはずである。実際、この新たなケースではそうすることが、二つの相容れない側面を示す女の矛盾を乗り越える、唯一の手段であった。欲望の固有の対象、つまり性本能を煽る占有の対象である一方、まさにそうであるがゆえに同時に他者の欲望の向けられる主体、すなわち他者と縁組させて他者をつなぎ入れる手段でもあるとの二側面である。しかし女は純然たる記号になりえなかった。じつに男たちの世界にあっても、女はやはり一人の生身の人間であり、記号として定義されるかぎりでも、記号を生み出す人間を女のうちに認めざるをえないからである……。」そしてさらに始まりも終わりも、婚姻も交換もない世界への夢想が言及される。「しかし象徴思考とこの思考の集団的形式をかたちづくる社会生活とが生み出されたときの、沸き立つ感情と熱気の充満する雰囲気は、いまでもその蜃気楼で我々の夢想を熱くする。交換法則の裏をかいて失わずして獲得し、分け合わずして享受することのできると信じられた、あのつかの間の瞬間をつかみとり固定することを、今日まで人類は夢見てきた。世界の端と端、時間の二つの極みでシュメール神話とアンダマン神話、黄金時代と来世が響き合う。……いずれの神話も人が自分とのあいだでだけ生きている甘美な世界、社会的人間には永遠に与えられることのないその幸福感を、過去か未来かの違いはあれ、等しくたどり着けない果てへと送り返しているのである。」と。この黄金時代は注7で引いたフロイトの「聖なるということ」の定義と微妙に響きあってはいないだろうか。

# II

［コメント・批判・あらたな問い］

＊五つの批判と問い

# インセスト・タブーについてのノート

西田利貞

# はじめに

人類学におけるインセスト・タブーの起源の問題は、すでに決着済みと思いこんでいた。ところが、文化人類学者だけでなく、生物人類学の青木健一氏さえ、私と異なる意見をおもちなのには驚いた。その意味で、このシンポジウムをオーガナイズされた川田順造先生に感謝したい。ここでは、発表者の御意見と異なる点について、私見を述べたい。なお、インセスト・タブーの起源と進化についての私の考えは、通常の生物人類学者がもっているものと大同小異である。簡単にいうと、近交弱勢（inbreeding depression）を避けさせる遺伝的・文化的傾向をもった個体の方が、より多くの子孫を残した結果であると考える。兄弟姉妹間の性交が起こらない理由として、「幼年時代の身体接触が、青年時に性的嫌悪を引き起こす」というウエスターマークの仮説は、人類学の野外調査から支持されている。アラブ社会では、平行いとこ婚、つまり父親の兄弟の娘（FaBrDa）との結婚が好まれるといわれている。この習慣はウエスターマーク仮説と矛盾するようだが、実際にはこのタイプの結婚は全体の二〇%にすぎず、しかもこういった型の結婚では子供の数が少なく、また離婚に至る割合が他の結婚型の四倍もあるとのことである（McCabe, 1983）（**表1・2**）。他の例は、拙著『人間性はどこから来たか』（京都大学学術出版会、一九九九）に詳細を記したので、ここでは繰り返さない。

# 1　人間の「やらない」ことを、法律は禁止しないか？

青木氏は、フレーザーの発言、「人間がやらないことを、法律は禁止しない」を引用されて、「人間は近親相姦を犯しがちであるから、インセスト・タブーが生まれた」という仮説の根拠とされている。だが、このフレーザーの有名な発言が誤りであることは、つとにウエスターマークが親殺しや獣姦を例に挙げて指摘したことであるし、わが国では今西錦司（一九六二）も指摘している。たとえば、尊属殺人はめったに起こらないことであるが、法律で厳罰にしている国は多い。これは、めったに起こらないことであっても、起こったら都合が悪いから禁止しているのである。なお、ここでは「やらない」というのは、「めったにやらない」、「通常の状況・環境では起こらない」という意味で使っている。

# 2　ローマ属領下でのエジプトにおけるインセスト

青木氏は、ローマ属領下でのエジプトでは、兄弟姉妹間などのインセストがよく起こったという例を引き合いに出されたが、これはどれくらい信用できる情報なのであろうか？

## 表1　いとこ婚と子供の数

| | FBD ** | MBD | FSD | MSD | 遠縁·無縁 | FBD 以外の合計 |
|---|---|---|---|---|---|---|
| 結婚数 | 22 | 12 | 7 | 7 | 67 | 93 |
| 子供数* | 4.9 | 6.6 | 6 | 6.4 | 6.5 | 6.4 |

＊子供数とは、妊娠数を意味し、流産などを含む（McCabe, 1983）
＊＊Fは father's を、Mは mother's を、Bは brother's を、Sは sister's を、Dは daughter を意味する

## 表2　レバノンの Sunni Muslim 村落におけるいとこ婚と離婚率

| | FBD | MBD | FSD | MSD | 遠縁·無縁 | FBD 以外の合計 |
|---|---|---|---|---|---|---|
| 結婚数 | 23 | 12 | 7 | 7 | 68 | 94 |
| 離婚率(%) | 13 | 0 | 0 | 0 | 4.4 | 3.2 |

(McCabe, 1983)

## 表3　マハレ*のチンパンジーの兄妹間の交尾

| | | 妹の | | |
|---|---|---|---|---|
| 兄の名前 | 妹の名前 | 若者期 | 大人期 | |
| BE | BU | 0 | 0 | |
| MA | MG | 0 | 妹転出 | |
| TB | AB | 0 | 兄死去 | |
| SU | WC | 0 | 妹転出 | |
| NS | TL | 0 | 0 | 妹転出 |
| AL | AI | 0 | NA | |
| | | 弟の | | |
| 姉の名前 | 弟の名前 | 子供期 | 若者期 | 大人期 |
| PN | PM | 姉転出 | NA | NA |
| PA | BB | 姉転出 | NA | NA |
| TY | BE | 0 | 0 | 0 |
| AN | AL | 姉転出 | NA | NA |
| PB | OR | 0 | NA | NA |

＊「マハレ」とは、西部タンザニアのマハレ山塊国立公園のことで、京都大学アフリカ類人猿学術調査隊が 1965 年以来研究を続けている。

**表4　マハレのチンパンジーにおける母息子間の交尾**

| 母親 | 息子 | 離乳時 | 若者期 | 大人期 |
|---|---|---|---|---|
| WW | SB | NA | 0 | 0 |
| WW | MS | ? | 0 | 0 |
| CH | KB | * | NA | NA |
| NG | NT | NA | NA | 0 |
| SO | KZ | NA | 0 | 0 |
| SO | TB | ? | 1 | 0 |
| WA | LL | 0 | 0 | NA |
| WA | LT | ? | 0 | 0 |
| WD | MA | * | 0 | 0 |
| WO | BB | ? | 0 | 0 |
| ND | NC | * | 0 | 0 |
| FT | PM | ? | 0 | 0 |
| BO | BE | NA | 0 | 0 |
| WX | AL | * | 0 | 0 |
| IK | IW | ? | 0 | NA |
| PI | PR | * | 0 | NA |
| OP | OR | ? | 0 | NA |
| XT | XM | * | 0 | 0 |
| MJ | MC | * | 0 | 0 |

＊＝多数回、NA＝その機会なし

私は、青木氏がもっておられるデータの出典を知らないので、その質についてコメントできるわけではない。しかし、たとえば、「兄妹」と古代の資料に記されている場合、父親・母親を同じくする同胞であることが断定できるのだろうか。あるいは、同胞だとしても、実際に「性交」したという証拠があるのだろうか。おそらく、動物行動学者が動物の交尾を観察するような形での、性交の直接的観察資料は存在しないであろう。古代エジプトのロイヤル・マリッジというのは有名であるが、実際に兄妹が性交したという証拠はほとんどないといわれている（Arens, 1986)。

## 3 インセストの回避は、「世話を受けた方が」おこなうのか？

山極寿一氏は、霊長類などのインセスト回避の例をレビューして、「インセストの回避は、相互にその対象となる近親者二名のうち、世話を受けた方が担う」という仮説を提唱された。この仮説に対して、私は、「インセストの回避は、メスの方が担う」、という仮説を提案したい。たとえば、姉弟間のインセストの回避は、山極説によれば、弟が担うことになるが、私の説では姉が担うことになる。これは、妊娠した場合、メスの方がはるかに大きなコストを蒙るからである。

実際、野生チンパンジーの観察で、兄が妹を強姦しようとして妹の抵抗を受けた例（Goodall, 1986）や、樹上で息子が母親と交尾しようとして、母親に叩き落とされた例（西田、一九九四）が知られている（表3）。前者は山極説と矛盾しないが、後者は矛盾する。

ただし、おもしろいことに、チンパンジーでは、発情した母親と離乳期の息子（四〜五歳）との間の「挿入」は、たいていの母子ペアで起こる。むしろ、ノーマルな行動と見た方がよい。これは、母親の注目が離乳期の息子から大人や若者のオス（交尾相手）に移り、心理的な衝撃を受け駄々こね行動を示す息子を、母親がなだめる行動である。しかし、息子が若者期になる、つまり精子を作るようになると、交尾は起こらなくなる（表4）。

## 4 インセスト・タブーは普遍的な習慣か？

文化人類学者は、インセスト・タブーは人類普遍の習慣（ヒューマン・ユニヴァーサル）と考えているようである。そういえるのかどうか、私は疑問をもっている。普遍的なのは、「インセスト回避」なのではなかろうか。たとえば、日本にはインセスト・タブーがあると言えるのだろうか？　存否は、一に定義にかかっている。日本では、インセストを犯した人が自殺したり、逮捕されたり、村八分にあうだろうか？　なんらかの罰を受けるだろうか？　私は実例を知らないのでなんともいえないが、嘲笑くらいは受けるだろうと思われる。もし、一般から「嘲笑を受ける」ことも罰に含めるなら、日本にもタブーがあるといえるかもしれない。しかし、社会の嘲笑を受けるような行動は、窃盗、万引き、剽窃、姦通、乱交、覗き、などいくらでもあり、それらはタブーとは呼ばれない。私は、インセスト回避は普遍的だが、インセスト・タブーは一部の民族に限られると主張したい。この考えは、少なくとも一部の文化人類学者には認められている（Brown, 1991）。

# 5 インセスト・タブーは性交を断念することか？

インセスト・タブーは性交の「断念」であると、二人の方が言われたが、これは「本来、ヒトは近親者とのセックスを願望している」ということを含意している。願望しているというのは、フロイトのエディプス・コンプレックスというアイデアから来ている。このアイデアは、フロイトが精神分析にあたったユダヤ社会に発する病理である。つまり、幼少時に兄弟姉妹を隔離して育てるユダヤの風習により、兄弟姉妹間の間に本来生じるべき性的嫌悪が生まれなかった場合である、と解釈できる(Fox, 1962)。こういった兄弟姉妹を隔離する習慣をもつ民族は、むしろまれである。つまり、フロイトの発言は誤りではなかったが、多くの民族のうちの一部にしか当てはまらないことである。文化人類学では、あいかわらず、フロイトの影響が大きい、と思わずにはいられない。私は、フロイトの精神分析学は正しいことも含んでいるが、大部分は「疑似科学」であると考えている。


**参考文献**

Arens, W., 1986. *The Original Sin : Incest and Its Meaning*. Oxford University Press, Oxford.

Brown, D.E., 1991. *Human Universals*. McGraw-Hill, Inc., New York.

Fox, R., 1962. Sibling incest. *British Journal of Sociology* 13 : 128-150.
Goodall, J., 1986. *The Chimpanzees of Gombe*. Harvard University Press, Cambridge, Mass.
今西錦司、一九六一「人間家族の起源」、『民族学研究』25 : 119-138.
McCabe, J., 1983. FBD marriage : Further support for the Westermarck hypothesis of the incest taboo? *American Anthropologist* 85 : 50-69.
西田利貞、一九九四『チンパンジーおもしろ観察記』紀伊國屋書店
西田利貞、一九九九『人間性はどこから来たか』京都大学学術出版会
Westermarck, E., 1922. *The History of Human Marriage*. Allerton, New York.

＊行為ではなく〝想像〟の対象としてのインセストがもつ〝意味作用〟

# インセストとその象徴

内堀基光

人間の性行動は多くの場合秘められた場で展開する。おそらくそのために、人間の性は行動であるとともに、あるいはそれ以上に想像の対象であり、さまざまな不可思議の登場する舞台を提供する。その点ではインセストは人間にとってきわめつきの性のあり方なのかもしれない。この小論では行動としての近親性交そのものは主たる論題ではない。考えたいのはむしろインセストなるもののもつ意味作用である。

## 1　同世代間インセストと異世代間インセスト

想像されたものとしてのインセストと一口に言ってみても、親子間の性交（父子相姦や母子相姦）と兄弟姉妹間の性交を語る語り口のあいだには、きわめて大きなちがいがある。まずこの点を確認しておこう。

異性の兄弟姉妹間の情愛を描くとき、そこにひそやかなかたちで、あるいはあからさまに性的な彩りをそえつつ語る語り口は、神々にまつわる神話から歴史的挿話をへて現代の文芸小説に至るまで、多くの事例をあげることができる。それはほとんどステレオタイプといってもよい。じっさいに身体的な性交の遂行が話題になっているかどうかは別である。だいじなことは、兄弟姉妹間の親密さというものはロマンス的なセンチメントをともなって語られる可能性ないし方向性をうちに秘めていて、それゆえに、そのかぎりにおいてではあるが、彼らのあいだの性的な関心、あるいは惹きつけあいですら肯定的な価値をおびて現れうるということである。

それに対して、親子のあいだの性的な交渉は、通常の親子の情愛のあり方とは完全に切り離された場においてのみ成り立つものとして語られるように見える。野卑なたとえを使えば、親子間の性にまつわる語りは大衆週刊誌に見られる「黒の報告書」のたぐいの語り口、徹頭徹尾スキャンダラスな語り口のもとにある。オイディプスの神話の悲劇はおぞましいスキャンダルの悲劇であるといってよい。このように語られたもの、より正確に言えば語られうる可能な事態としての、これらふたつの近親間性愛のあり方の差異はなにに由来するものなのだろうか。

ここでは兄弟姉妹間の性愛を同世代間インセスト、親子間の性愛を異世代間インセストと呼ぶことにしよう。わたしにとってはどうしてもこの二つを同じひとつの用語で呼ぶことが不自然に聞こえてならないので、ぎこちなさを承知のうえで、あえてこうした合成語をもちいることにする。

親子・兄弟姉妹といった直近親族の場合、系譜的世代関係と相対年齢差は確実に対応している（より遠い親族の場合はかならずしも対応しない）。その意味では同世代間インセストは同年齢インセストであり、異世代間インセストは異年齢インセストである。ロマンスとスキャンダルの落差がもっぱらこういった年齢差に由来するだけのものならば、話しはかなり簡単なものとなる。だが、はたしてそれだけでけりがつくだろうか。ことによるとあるべき推論の向きは逆で、インセストではない通常の異年齢性愛が異世代間インセストを喚起させる、それがゆえにスキャンダラスなものとみなされている（みなされるようになった)、と言うべきなのかもしれない。いずれにせよ、異世代間インセストが同世代間インセストに比べていっそう忌まわしく感じられることを、年齢差からだけで説明しさってしまうのは、いささか性急な単純化にすぎるように思われるのだ。

ここであらかじめひとつの事実を確認しておきたい。それは同世代間インセストの禁止は人類社会に普遍的なものではないということである。古代エジプトやインカに見られたいわゆる王族のインセストのことを言っているのではない。インセストが禁止事項であるかぎり、その破戒は社会内部である種の特殊な意味をはらみつつ生起しうる。だが、そのような過剰な意味を担う特殊の行為としてではなく、ローマ帝国時代のエジプト農村においては、両親を同じくする兄弟姉妹間の結婚が一般農民のあいだでごくふつうになされていたことが同時代史料から判明しているのだ。[1] われわれにとって、この一事実のもつ意味ははてしなく重大である。インセストの禁止を交換理論に〈直接的に〉結びつけることができないことが、ここに如実に示されているからである。そしてそのことは逆に、異世代間インセストの禁止の強さを一層きわだたせることになる。

異世代間インセストおよびその禁止に第一義的な意味を付与しているのは、いうまでもなくフロイトの理論である。[2] フロイトのインセストに関する考察は、幼児性欲の発現とその抑圧として、なによりも異世代間の葛藤を語る物語に収斂している。そこには同世代間インセストを独自のものとみる視線はほとんどないといってよい。原始の群(ホルド)の若き女性たちは、母と同様に家父長の独占下にあるものとして、若い男たちから遠ざけられるというわけである。いいかえれば、姉妹という同世代の性的対象は、ここでは母、つまり異世代の異性の影のような延長ないし拡張として扱われているにすぎない。インセストの忌まわしさは、母をめぐる父と息子の対立に（より従属的には父をめぐる母と娘の対立に）その起源をもつとされる。こうした理屈からすれば、対象がオリジナルならぬ延長であるだけに、同世代間インセストが異世代間インセストのもつ忌まわしさの程度を減じているのは当然だといえるかもしれない。フロイトの理論は、同世代間インセストに格別の注意を払わないという消極的なしかたによって、ふたつのインセストの位相の差異を浮き彫りにしてはいるのだ。

しかし、消極的であるというまさにその理由のために、フロイトの理論からは同世代間インセストのもちうる肯定的な引力のごときものを引き出すことはできない。すくなくとも直接的にはできそうにない。もちろんその理論が性的欲望の存在と統御にもとづいているかぎり、インセストにはすべて抑圧された欲望があると仮定されるわけだが、母に対する欲望と抑圧ほどには強くない同世代の性的対象への抑圧された欲望がロマンス的センチメントとして前面に出てくるためには、もうひとつ中間的な屈折が必要とされるだろう。

レヴィ＝ストロースは『親族の基本構造』の冒頭に続く章で、人間のインセストの禁止を遺伝という自然過程そのものから切り離した[3]。そのうえで彼は、この禁止を人類に普遍的な文化性として、つまり人類の自然としての文化とみなしたわけである。遺伝学的には人間は十分に近親交配的な存在であるが、それを前提としたうえでのインセストの禁止の存在は、レヴィ＝ストロースにとって親族構造における外婚規制を論じる出発点であった。外婚規制とは、いわば規制された近親交配と言い換えてもよい。少なくともレヴィ＝ストロースのいう諸基本構造のもとでの外婚のかたちは、視点を一歩高みに後退させて観察すれば、そう名づけてもおかしくない現象として見えてくるのである。であれば、逆に、インセストの禁止は人間の内婚的性向とのからみで論じてもよいのではないか。内婚的性向は性向であるかぎり、それ自体としては規則ではない。それは無形の引力のようなものであって、それを否定する規則によってのみ透かし出されてくるのである。

いうまでもなく内婚性向の極限形態は同世代間あるいは異世代間のインセスト的結婚である。ある種の複婚を前提にする異世代間のそれと異なり、同世代間の直近親族の結婚は社会の再生産という観点からはなんら問題なく永続的に機能しうる。婚姻体系を女性の交換とする見地からすれば、ここには明らかに交換の否定がある――もちろんすべての兄弟姉妹がたがいに結婚するということはありえないから、社会における女の交換のすべてが否定されるわけではないにしても。この交換の否定はまた、異世代間で行われる仮定的な、すなわち現実には制度として存在しない実母‐息子婚がすでに上の世代で成し遂げられた交換の追認ないし継承とみなしうることと著しい対照をなしていることに注意したい。交換論の立場からだけ言えば、母‐息子の結婚を最初から排除する根拠はないのだ。そもそも純粋に父系の単系出自集団外婚だけを問題にすれば、母‐息子間の関係は内婚ですらない（実際、父の傍妻を息子が自身の妻として相続することが可能な社会は存在する）。だが母‐息子の関係は、こうした交換論では律しきれないものを含んでいるのだ。これに対して、もうひとつの交換の否定である父‐娘の結婚が、きわめて特殊な制度的形態としてではあれ、人間社会に現実に見られることを考えれば、インセストの禁止を交換論、それもとくに女性の交換論に置き換えていく論理にはかなり危ういものがあると言わざるをえない。

ことを単純に言えばこうである。内婚性向から迫っていった場合、同世代間のインセスト的婚姻と異世代間の父‐娘の婚姻は、局限化した内婚として、きわめて少ない数ではあるが現実化しうる。しかし実母‐息子間の婚姻は、いかなる特殊形態としても現実化しえないという意味で、まったく別の次元に属するものである。前のふたつは、極限的ではあるといっても、まだしも婚姻という語によって指し示される社会性を帯びている、あるいはその可能性をもつのだ、と言い換えることができるかもしれない。それとの対照で言えば、母‐息子の関係はこうした「取り結ぶ」社会関係とは本質的に異なるもの、おそらくは前社会的としか言いようのない関係である。そこでは外婚と内婚の区別ははじめから意義を失っている。

右のことから見えてくることは、やはりインセスト問題の中核は母と息子の関係だといういかにも凡庸な観察である。この点ではフロイトがインセストの焦点をここに絞っているのは、なんとしても正当である。さらに進めて言えば、人類以外の霊長類の近親性交回避もこの関係を中心としており、そこに連続性を認めることはむしろ自然であろう。これに関して人類と他の霊長類のあいだの断絶をあえて主張するためには、別の論理と論証が必要とされるはずである。結局のところ、同じくインセストという言葉で言い表されても、母と息子のインセストと他のそれとは決定的に区別されなければならないわけで、むしろ問題は、本質的に異なる直近親族間のいくつかの性関係がなぜ同じ言葉でくくられてきたかという、その理由である。それを逐一解明することは本来学説史あるいは観念史の分野に属することだから、ここでは歴史の隘路に踏み込むことはしない。そのかわり民族学の領分から具体的な例をとり、人間社会に特有のインセスト禁止のあり方、その象徴作用としてのあり方を探ることにしよう。

## 2 洪水、石そしてインセスト

東南アジアにおけるインセストについての関心のあり方を簡単に記述してみたい。それはいくつかの点ではレヴィ＝ストロースのインセスト論と神話分析の手法から示唆を受けている。ただし象徴分析としては厳密なものではなく、あくまでも着想の覚え書き程度のものである。(1)

「ある時、村人が宴会で酒を飲んで騒いでいると、一匹の犬がまぎれこんできて人びとのために用意してあった酒を飲み、酔っぱらって千鳥足。一同はそれを見てげらげら笑い、犬をからかう。するとたんに、それまで晴れていた空はにわかにかき曇り、雷鳴と稲妻とともに大雨が降ってきた。そのうちに犬も村人も動かなくなって、とうとう石になってしまった。それが今もあそこに見えるあの岩だ。」

この一見するとたいして意味をもっていないような小話は、サラワクのイバン族から報告されたものであるが、これと同じような内容の話はボルネオ全島に見いだされる。動物の種類は犬のほか、猫、猿、魚などさまざまだが、こうした動物に人間の着物を着せたり、人間の仕事をさせたりしてからかうと、このような罰を受けるということである。ときには道徳的な調子を付随的に帯びることもある。ボルネオ北部のケラビット族の例を取ると、ある村にひとりの孤児がいて村人から冷たい扱いを受けていたが、ある時かれが野生の動物（何であるかは述べられていない）と遊んでいるのを見て、村人はそれをあざ笑った。すると雷雨が突然村を襲い、村人と少年は石と化してしまった。この話などは不幸な境遇のものをいじめてはいけないという訓話といえるかもしれないが、それでも動物に対する嘲笑が石化への直接の契機となっていることに注意したい。

このような物語らしい筋をもっていない小話は、それが行為と超自然的懲罰にかかわっているだけに、比較的手の込んだ複合的な筋をもち、ときにはひとりの主人公の空想的冒険を中心として展開される伝説や神話に比べると、それらを語る人びとの心のなかにある関心事を概してより直接に、単刀直入に表現していると考えられる。長大な展開をもつ物語が、少なくともその表面上の個々の要素については、語り手の個人的興味や語りの才能によって大きく影響されることは、これまでの口承文芸研究によって十分に明らかにされている。そうした表面的な変異を解きほぐし、一つの神話ないし神話群に恒常的な構造あるいは象徴変換系というレヴェルにまで下向することは、そうしたことが可能と仮定するかぎりでも容易いことではない。それに対して、連綿とした語りへの傾向をもっていない右のような小話に与えられているのは、そこに直接述べられた特定の文化社会の関心事である。したがって、そこに多少ともより総括的な世界観・宇宙観への見通しを拓く鍵として何か構造と呼べるようなものが探りうるとすれば、レヴィ＝ストロースの言う「岩底」（つまり基底コードないし特権的コード）への到達をもじって比喩的に言えば、表層ないしはそれに近い層にある、したがって意識的とも半意識的とも言うべきであってけっして無意識的ではない関心事の露天掘り作業をとおしてということになろう。

では、動物を笑いものにすることが懲らしめの対象となるのはどうしてなのか。またその罰がひとしく雷雨と石化なのはどのような意味をもっているのだろうか。一つには次のような解答が与えられよう。

一般に初期段階の農耕民のあいだでは、経済的重要性はすでに農業生産によって取って代わられているが、宗教・呪術的には依然として狩猟が大きな役割を果たしており、たとえば農耕の開始に先だって、あるいは収穫期にあたって男たちによる儀礼的狩猟がおこなわれる。森の獲物は共同体に恵みをもたらすのである。外から運ばれてきた獲物は、その重要性のランク（ビルマのチン族では小動物、野豚、鹿、野牛、トラの順に位が上がる）に応じて祭を受け、その祭宴の主催者は死後別格の世界に旅立つ特権を享受し、ときには巨石記念物（多くはメンヒル）を建造して、その功績を永久にとどめることができる。このように宗教・社会生活のなかで重要な意義を担っている森の動物たちにはその主神がいて、彼らを保護しまた人間に贈物として送りとどけているのである。したがって神の賜物としての動物をあざけりの的とすることは文句なく聖性侵害の行為であり、その主神の罰を受けなければならない。農耕民の狩猟祭を主神に対する感謝の祭、それとともに獣の霊魂を神のもとに送り返す祭と見ることができるならば、それは狩猟民におけるのとまったく一致する。人類の最初期の位相としての狩猟採集民社会に一神教的至高神の存在（原始一神教 Urmonotheismus）を確認したことはドイツ民族学の成果の一つだろうと思われるが、もしこれが初期の農耕民層にまで持続する観念であるならば――というよりも農耕民にもしばしば見いだされる至高神的存在が狩猟との関連をもつことが証明されるならば――、狩猟獣の不当な扱いを裁くものはオムニポテントな存在ということになる。ラファエレ・ペッタツィオーニによれば、こうした存在はさまざまの民族において雷や雨に代表される天候神という性格を帯びがちである。[5] とすれば、至高神＝狩猟神が犯罪者を罰するにあたって、こうした普遍的な自然力の象徴を手段とすることはきわめて考えやすいことである。

こうした推察はたしかに不可能でなく、そのうちいくつかの仮定はこれから探求すべき（そして肯定の期待される）テーマである。[6] けれども動物についての不当な扱いがどうしてあざけりに限定されているのかについて、これはまったく解答を与えていないし、また狩猟民社会にもこうした観念が存在するかどうか不明である。ここで議論を一歩進めるために、これまで意図的に横に置いてきた一つの深刻な罪、つまりインセストにあらためて言及しなければならない。

東南アジアの多くの社会においては、異世代間はいうまでもなく同世代間のインセストも重大な犯罪の一つとみなされていて、死罪あるいは追放の対象となる。もっとも直近の親族でないもののあいだのインセスト（というよりも氏族外婚制の侵犯、あるいは非単系社会の場合ならば一定度離れた傍系親族間の性的関係）は、贖罪の儀礼をおこなうことによりその後の結婚を認められることもある。追放はともかくとして、死刑の実施法についてはそれ自体興味深いテーマであり、東南アジアでは袋に詰めて川に流したり生き埋めにしたりというように、血を流すことのない殺し方が多い。これはインセストを犯した者の血が大地を汚すことのないようにという観念にもとづくと説明されているが、他の犯罪に対する死刑の実施法、また供犠の方法などとともに総体的な観点から考察する必要があり、現在のところこの説明がどれほど当を得たものであるかはっきりしたことは言えない。デュメジル派神話学の研究によれば、印欧語族の社会に見られるいわゆる三機能のあいだには、それぞれに応じた死罪の方法あるいは人身供犠の実施法があり、そのなかで性的犯罪は当然その豊饒との関連によって第三機能の死、水死あるいはその変形としての生き埋めの対象とされている。(7) ことによると東南アジアなどほかの地域にも、死の類型学ないしは死に様の構造などを探り出せる日が来るかもしれない。

しかし、ここで問題にしたいのはそのようなことではない。インセストの禁止の侵犯は単に当事者に制裁をもたらすだけでなく、彼らの所属する共同体そのものを危機に陥れるのである。というよりも彼らが制裁されなければならないのは、それによって危機を共同体全体から切り離すという目的のためである。犯人を無化することによって、共同体は秩序づけられたコスモスでありつづけることができる。しかし、もし共同体が犯人を制裁せずに放置しておくならば、おそらくは稲妻と雷鳴をともなって豪雨が村を襲い、村は洪水に呑まれて住民ともども石と化してしまうであろう。逆に、冷雨が長く降りつづくようなことがあれば、それはどこかにインセストを犯した犯人がいる証しであり、犯人が捜し出されて罪を告白し、贖罪あるいは制裁がおこなわれてはじめて、穀物に致命的な打撃を与えるこの冷雨は鎮められることになる。フランスの民族学者ジョルジュ・コンドミナスの描くベトナム南部山地のオーストロネシア系ムノン・ガル族の生活誌には、天候の不順のためインセスト（同氏族内の男女の私通）の嫌疑をかけられた若い男が自殺したという事件についての一章がある。[8] この嫌疑が人びとにとって正当な推論となるのは、雷雨・洪水・石化についての信仰である。

このように、動物に対する嘲笑とインセストという二つの罪が同じ災害をもたらすと考えられている。そこでこれらの罪とその結果については、先に述べた観点とは別の方向から答えなければならない。至高神に道徳的制裁者としての一般的性格を求めることができないのは、こうしたかたちの罰がその他の犯罪（殺人、盗みなど）に適用されることがないことからも明らかである。ところで、レヴィ＝ブリュルがオランダの民族学者クロイトから次のようなインドネシア・セレベス島中央部の住民（バレエ・トラジャ族か）についての興味深い報告を引用している。[9]

「犬が家のなかで交尾すると、それはメアサ（不吉事）であり、その家の主人あるいは他の誰かがかならず死ぬと一般に信じられている。だから二匹の犬は殺してしまわなければならない。それを殺すには、インセストを犯した男女を殺すように棍棒で打ち殺すのだ。」

このほか、犬が豚と交尾したり、鶏が犬や山羊の上を飛んだりするのもメアサであり、それらの動物は殺して川に投げ捨てなければならない。この処分はインセストについてと同様である。これらの事例は、動物間の異常な結合、あるいは場所をわきまえぬ結合がインセストと同一の侵犯カテゴリーにはいることを示している。つまり、人間の異常な結合＝動物の異常という等式が成立する。これを次のように表してみよう。

一、人間の　異常な性関係（インセスト）
二、動物の　異常な性関係（異種間の交合）
三、人間空間での　動物の　性関係（屋内での犬の交合）

この三つの状況から容易に導かれるのは

四、人間と　動物との　性関係

という変換である。おそらくはこれが動物を嘲笑することの表す本来の関係である。嘲笑と見えたのは実は人類学でいう〈冗談関係〉、たがいに性的な面を含めて甘えを認めあう親族同士の関係に近いものなのである。

これら四つの性関係のうち、第一のインセストだけが究明さるべき意味を隠している。他の三つの異常が、交合する相手の異種性（二、四）あるいは場の不適切（三）というように、その異常のゆえんを可視的・直接的に表しているのに対し、第一の異常にはそのような説明的含意は存在せず、なぜインセストが罰せられなければならない秩序の侵害行為であるかは説明されないままに放置されているからである。視覚的には（男から見て）母や姉妹を他の結婚可能な女性たちから区別するものはなにもない。そこで、インセストが秩序の侵害であることは、右の四つの変換からなる群の全体によって啓示されているのだと考えることができる。言い換えれば、この群は一つの判じ物のようなものであり、同じカテゴリーに最も理解しがたいものと容易に看取できる異常を並列することによって、理解できないものを類比によって納得させるのである。

この並列のなかで、具体的な秩序の混乱がどのようなものであるかを見ることによって、インセストが犯す秩序というものがいかなる性質のものかがようやく明らかになる。インセストの禁止を破ることは人間と動物との境界を破壊することと類比的であり、いわば《自然》（動物）と《文化》（人間）の境界を破壊することである。逆に言えば、インセストの禁止は《自然》と《文化》の境界に位置する。こうしてわれわれは、レヴィ＝ストロースが同一の言葉で述べたことを、はるかに表層的なレヴェルで再発見することになる。そしてこの破壊が洪水と石化であることは、これらの象徴もまた《自然》と《文化》の境界象徴であることを示しているのかもしれない。

以上が洪水・石化モチーフについての暫定的な解釈であるが、次にそれよりは神話の語にふさわしい世界あるいは人間の起源についての物語を見よう。

「昔、一匹のモグラがいて、しばしば天界の少女たちと交渉をもっていた。このモグラには森に仕掛けられたワナを食いちぎって逃げ去る習慣があった。ある日、ワナの仕掛け主が森の土を掘ってみると、ちょうどワナを食いちぎって逃げてきたばかりのモグラを見つけた。モグラの言うには『もしわたしを殺さないでくださるならば、どうやって大洪水から逃げられるかお教えしましょう。そこで男は約束した。モグラは彼に、妹と二人して大きな太鼓をこしらえて、洪水のあいだはそのなかで暮らすようにと教える。私は穴のなかで洪水のあとまで長らえましょう。仕掛け主はこの教えを守り、洪水のあいだは妹とふたりで太鼓のなかで暮らした。

地上からすっかり水が引いて、彼らが太鼓から出てきてみると、地上には二人のほか誰も生き残っていなかった。兄は結婚の相手を見つけようとしたが無駄だった。妹も男性を求めたが無駄だった。そのとき、一羽の鳥が飛んできて『おまえたち二人が夫婦になるんだ』と歌った。

彼らが結婚したあと、妹は妊娠して一つのヒョウタンを生んだ。彼女はどうしてよいか分からずそれを庭に置いておいたが、ヒョウタンはどんどん大きく成長した。ある日、兄はそのなかがなにやら騒々しいと思い、灼熱した鉄棒で穴を空けてみると、そこから煤で黒くなった人びとが現れた。これが今日のラメット族やメオ族の祖先である。別の穴からは煤に汚れていないタイ族の祖先が現れた。タイ族の肌の色が白いのはこのためである。」

これはラオス北部山地にすむラメット族の神話である。この種の洪水神話は東南アジア大陸部からインドネシアにかけて、もちろん細部の相違をともなってではあるが広く分布している。この神話は、洪水を生きのびた兄妹が現在の人類の祖先となるという意味で明らかに人類の起源の神話である。加えてここには、洪水がどうして起きたかについての道徳的な理由はまったく見られない。その意味でこれは、世界がただ水のみで覆われていたという原初の状態から語りはじめる創世の神話と直接に連なっている。事実、この原初水界に石が浮かび、そこから大地と人間を創造する男女の対偶神が現れたという北ボルネオの神話も、物語の継起としては同じものである。水界のなかの石と洪水を耐える太鼓（ことによると銅鼓かもしれない）とはここでは完全に同一の意味をもつことになる。エバーハルトは大洪水神話と兄妹婚神話（そして世界卵のイメージ）を別のコンテクストに属するものとしているが、ここでその可否を問う必要はない[10]。ただこの洪水と原初水界が等値であるという示唆で十分であろう。

だが、生き残った男女が兄妹（あるいはベトナムのジャライ族や海南島黎族のある異伝では母子）であること、そして彼らのあいだのインセストによって現在の人間が生じたことは、語りとしての洪水神話に必須のものとは考えられないことは確かである。たとえば生き残ったのが一人の女とその「黒犬」で、その異種交合から現在の人間が生まれた（ジャライ族）とか、一人の男が生き残って天女と契って子孫を得た（モソ族）とかいうほうが、物語としての興味はかえって大きい。しかしわれわれはジャライ族からは犬が彼女の男同胞と交錯しているような説話を知っているし、また発達した祭司制と独特の絵文字をもつモソ族の洪水神話が、洪水の結果としてのインセストではなく、洪水の罰が下される原因としての兄妹通婚を述べていることを知っている。モソ族の場合には、明らかに祭司によって神話に整序の手が加えられ、洪水の原因が道徳化されているのである。このようなことから考えて、一応のところ、洪水→石（ことによると銅鼓？）→インセスト→現在の人類という継起が神話の骨子であると見てよいだろう。

神話はなにものかを目的として作り出されたものではないかもしれない。しかしそれが社会生活のほかのレヴェルと相互に照応していることも真実である。であれば、洪水（人類起源）神話の目的を云々することは的はずれだとしても、その照応の継起を示唆することはできる。ジャライ族の調査者ジャック・ドゥルヌによれば、洪水神話やその他の民話における兄妹（同世代間）インセストのモチーフの頻出は、この民族の神話レヴェルで好まれる兄妹婚を表しており、それは社会生活においては、兄の娘と妹の息子のあいだの選好的婚姻として実現されるのだという。[11] あるいは逆に言えば、母方交叉イトコ婚の神話的過去への写像が兄妹婚であるということになろうか。しかし、神話レヴェルと社会レヴェルのこうした直接の連鎖を求めることはやや強引に過ぎるかもしれない。神話が参照するものは現実の社会的慣行というよりも、社会の抱く潜在的な関心事であり、洪水や石といった象徴あるいはインセストへの関心は、特定の社会慣行とは独立の力をもっているのである。

ここで洪水＋石を《始源》から《現在》への不可避の移行の象徴と考えることはできない。《始源》の状態は《現在》のそれのように実質をもって語られてはいないし、原初水界のようにそれ自体が世界の始めの有様を表象している場合もある。とすると、洪水と石は移行象徴というよりも、むしろ《始源》そのものの象徴と考えたほうがよい。したがってインセストこそが移行の象徴なのである。図式的に書けば、

始源（洪水＋石）→移行（インセスト）→現在

ということになる。これは起源の神話というかぎりでは不可逆の過程である。

しかし、われわれの目に顕著なのは、先述したインセストへの懲罰がこの過程の逆進の可能性をほ

のめかしているということであろう。神話のレヴェルでの例外事として許容されたインセストは、もし今日の人間がそれを犯すようなことがあれば、この移行を逆転させかねないものとなる。つまり、現在→インセスト→洪水・石化の逆移行の危険が常にひとを脅しているのである。こうして罪・罰のレヴェルの移行と神話のレヴェルの移行が補完的であるとすれば、先述した《自然》と《文化》の境界象徴としての洪水・石という見方は訂正されなければならない。それらはむしろ《自然》そのものの象徴なのである。ここであえて結語めいたものを付け加えるならば、神話レヴェルと罪のレヴェルの二つの移行が示すこの完璧な逆転こそが、その両者を人びとのなかば無意識の心のなかで力あるものとして語りつづけさせ怖れさせせつづけてきた基礎なのである。

## 3　象徴としてのインセスト

人類にとってインセストは何よりも象徴である。行為としての近親性交は、人類社会ではわれわれが想像しているよりはるかに頻繁になされているともいわれている。だが象徴的に語られ、世界におけるみずからの位置づけにおいて言及されるインセストの禁止は、行為そのものについての語りというよりも、むしろそれが犯されたときのさまざまに想像される結果についての語りの複合体である。レヴィ＝ストロースがこの禁止を人間の自然でもあり文化でもあるもの、あるいは人類の自然としての文化に位置づけたことを、右で見た物語や諸象徴は、はるかに具体的なレヴェルで、しかも自然と文化との移行相に焦点を合わせるかたちで語っているのだといえよう。

人間の内婚的性向の極限におけるこの禁止の行動的基礎を追い求めることはおそらく不可能であり、ぎりぎりのところではいやおうなく解きがたい謎あるいは「迷宮」（高畑由起夫）が残される。[12] だが霊長類学におけるそれとは異なり、みずからをめぐる個体に過剰な徴づけをおこなう人間のあいだでは、さまざまな謎と迷宮が並列錯綜し、その在り処自体が隠されてしまうかのようである。罪としてのインセストに対しては、常になぜそれが悪なのかという反対向きの想像力が働くのも、この迷宮あるいは迷宮群の構成要素である。この想像力は場合によっては個人の欲望、つまり遂行されるかどうかは別として、未来における禁止の否定として現れ、場合によっては現在ならぬ神話的太古におけるその遂行に移し換えられて、今ある共同体を生成させた根源として語られる。フロイトは過去に（そして潜在としては現在にも）欲望を設定し、その否定・抑圧のうえに現在の共同体の生成を語ったが、これもまた同じ想像力の産出である。

**注**

（1） K. Hopkins, “Brother-Sisiter Marriage in Roman Egypt”, in *Comparative Studies in Society and History*, Vol. 22, 1980

（2） S・フロイト「トーテムとタブー」『フロイト著作集3』人文書院、一九六九

（3）C・レヴィ＝ストロース『親族の基本構造』（上）番町書房、一九七七。同『親族の基本構造』、青弓社、二〇〇〇

（4）本節は旧稿、内堀基光「洪水・石・近親相姦」『現代思想』Vol. 1-5、一九七三、を短縮のうえ若干修正したものである。

（5）Laffaele Pettazioni, *Essays on the History of Religions*, Leiden, 1954

（6）Walter Burkert, *Structure and History in Greek Mythology and Ritual*, Berkeley, 1979 に人類前史としての狩猟と供犠・儀礼の関係について、より進んだ議論の展開がある。

（7）D. J. Ward, "The Threefold Death : An Indo-European Trifunctional Sacrifice", in *Myth and Law among the Indo-Europeans*, Berkeley, 1970

（8）George Condominas, *Nous avons mangé la forêt*, Paris, 1957

（9）L. Lévi-Bruhl, *Le Surnaturel et la nature dans la mentalité primitives*, 1931

（10）W. Eberhard, *The Local Cultures of South and East China*, Leiden, 1968

（11）Jacques Dournes, "L' inceste préférentiel", in *L'Homme* XI, 4, 1971

（12）高畑由起夫「インセストをめぐる迷宮」『性の民族誌』（須藤健一・杉島敬志編）人文書院、一九九三

＊社会＝文化人類学の人間中心主義を批判する霊長類学における人間中心主義

# 性と「人間」という論理の彼岸

小馬徹

## はじめに

種としてのヒトが何であるか、今や疑問を差し挟む余地は大きくないであろう。一方、人間とは何かとなると、案に相違して、事はそれほど明白ではない。現今世界システムとしての資本主義が強引に推し進めているグローバライゼーションを基礎づけているのは、「人間中心主義」(humanism)である。だが、その「人間」に日本人が含まれるのかどうかは、実際微妙なのだ。[1] まず、この厳然たる事実に注意を促しておきたい。

端的に言えば、本稿の目的は、ヒトは実体であっても人間とは観念だとする視点から、人間という観念を成り立たせている論理を明らかにし、そのあり方を再考することである。

その内包を明らかにする一つの方法として、逆に非人間的だとされる諸行為の意味を考えるというアプローチがあろう。二〇〇一年四月に「近親性交とその禁忌」と題して、日本人類学会進化人類学分科会の第五回シンポジウム(オーガナイザー、川田順造)が開かれたが、そこでもこのアプローチが採用された。

課題は、人間の性行為の内、近親婚も含めた近親性交、同性愛、異種間性交などの諸側面がなぜ禁忌の対象となってきたのかを自然人類学と社会＝文化人類学の双方から解明することであった。本稿は、コメンテーターの一人として、同シンポジウム、殊に出口顯の報告に触発されて草したものである。

# 1 性としての「人間」

## 接合し、且つ分節する結婚

出口は、インセスト・タブーとそれが実施を命じる結婚に関する問題を取りあげて、「インセストとしての婚姻」という刺激的な論題のもとに、レヴィ＝ストロースの見解に踏み込んだ検討を加えた。レヴィ＝ストロースの縁組み・連帯理論の骨子は、次のようなものだ。人間が人間になるに当ってインセスト・タブーを根源的な禁止として自らに課した結果、群の男たちは自分たちの姉妹や娘たちを性的な対象とすることを諦めて外へ送り出さなければならなくなった。この仕組みは、男たちが逆に伴侶を外から迎え入れることを要請する。こうして成立した女性の交換制度が結婚だが、それによって交換の主体である「我々」とその相手である「彼ら」とが同時に分節された。そして、明確な輪郭をもつ集団である家族と、（結婚を通じて連帯する家族群が構成する）共同体とが初めて創り出された。

彼は、このタブー理論を交差イトコ婚の理論と組み合わせて論じている（レヴィ＝ストロース、二〇〇〇）。それによると、母方交差イトコ（ＭＢＤ）婚（母の兄弟の娘との結婚）は、始祖を異にする二つの父系集団の間で行われて、血族と姻族の範囲を明示的に分節するという意味で、親族分類法の「基本構造」

と呼べる。他方、父方平行イトコ（FBD）婚（父の兄弟の娘との結婚）は、母方交差イトコ婚のように血族と姻族の範囲を、言い換えれば好ましい結婚相手の範囲を半自動的に決定しはしない。というのは、それが始祖を共にする同一父系集団の内部で行われるからだ。したがって父方平行イトコ婚は、経済や心理など他の要因によって結婚相手を自由に選択する「複合構造」に属することになる。

さて出口は、アラブなどの父系社会に見られるこうしたFBD婚が、異なる親族集団の間での女性の交換を理論的前提とする縁組み・連帯理論の「躓きの石」になるのではないかという、社会＝文化人類学者の一部に見られる疑念の検討を手始めに、興味深い議論を展開した。出口は、そうした考え方は基本構造の説明が複合構造には当てはまらないと主張するもので、不適切だと批判する。ただ、レヴィ＝ストロースがインセスト・タブーは普遍的だと言っている以上、基本構造と複合構造の違いは暫く留保して、彼の主張がFBD婚にも妥当するかどうか、立ち入って考察してみる価値があると述べた。

出口によると、先の疑念は、レヴィ＝ストロースの親族理論が主に族外婚（exogamy）を取り扱っているものだと見る誤解に起因している。(2) しかしレヴィ＝ストロースが論じたのは、インセスト・タブーの特定のあり方がそれに応じてその都度自他を分節するのであって、逆に既に元からある自他関係がインセスト・タブーの特定のあり方を規定するのではないということだ。

これをMBD婚に則して考えてみよう。MBD（母の兄弟の娘）とFBD（父の兄弟の娘）は、生物学的な関係の遠近を測る親等の上では等距離にある。だが、FBDが姉妹と同一視されて血族（身内）となるのに対して、ＭＢＤは親族とは認知されても身内である姉妹とは見なされない。つまり、インセスト・タブーという「結婚の命令」が、系譜的に繋がりがある（と言える）人々である親族を血族（身内）と姻族（よそ者）として、自他に切り分けるのだ。そうであれば、ＭＢＤ婚（基本構造）とＦＢＤ婚（複合構造の一つ）との間の違いは、インセスト・タブーによる自他の分節化の水準の違いに過ぎないと言えるだろう。

ただし、父方と母方の系譜を辿って水準の異なる分節化が或る個人に二重の焦点を結ぶ場合、その個人の集団的自他関係に二律背反が持ち込まれるように見えることが少なくない。だが、どの共同体も、当人が精神分裂状態に陥ることのない二者択一的な論理でそれを解消しているのである。

そして出口は、父方母方双方へと親戚（kindred）のネットワークを拡げることに大きな価値を置くマダガスカルのヴェズ人を研究したアストゥティの研究を参照して、次のように考える。ヴェズ人がそう信じているように、人間全体が壮大な家族であるとも言える。もしそうであれば、結婚は「異った人々」の間では決して起り得ないということになる。むしろ（族）外婚が成り立つ前提として必要な差異を作りだして人々を分節する仕組みが結婚なのだ。ヴェズ人の事例は、レヴィ＝ストロース（二〇〇〇）が、どんな結婚も（少くとも社会的な）インセストであると述べたことの意味を具体的に理解させてくれる好例となっている。

このようにレヴィ＝ストロースの理論を読み解いた出口は、次に自他（同一者／他者）の二項的対立（象徴的二元論）の「縮約」、つまり細分化の果てしない連鎖の図式（**図１**）を掲げて、内容を具体的に論

図1

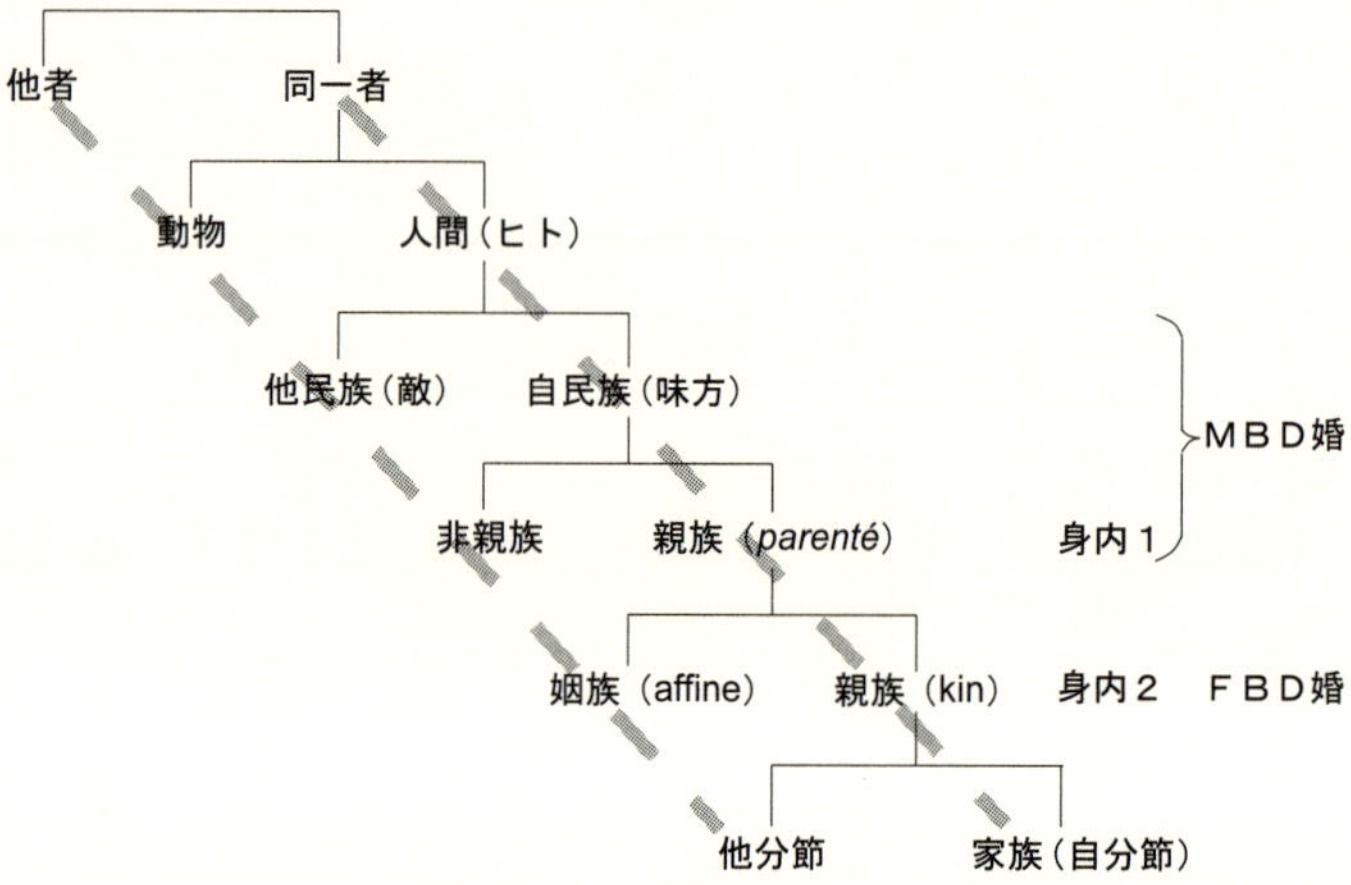


じた。それによれば、自他の基礎的な分節は「非親族／親族（parenté）〔身内1〕」にある――ＭＢＤ婚の水準。この身内1は「姻族（affine）／親族（kin）〔身内2〕」に縮約される――ＦＢＤ婚の水準。さらに身内2は親族集団内の「他分節／家族（自分節）」へと縮約されるのである。

一方、この図式を反対方向へ辿ることもできる。まず、非親族と親族（parenté）を自民族として同一視して「他民族（敵）／自民族（味方）」という二項対立を導けよう。さらにその先には、他民族と自民族を人間として同一視して、「動物／人間（ヒト）」という二項対立を想定することが可能である。

さて、とっくに明らかな通り、議論はここで親族論からトーテミズム論へと領域を拡大しつつ移行している。先に触れたように、レヴィ＝ストロースは、人間共同体の内部ではどんな結婚もインセストであると言い、それを「真の内婚」と言い換えてもいる。この考え方は、裏返せば、人間が人間共同体の外部の者とも結婚できる可能性を大胆に想定するものである。それは取りも直さず、様々な人間集団の世界観が多様に定義され、「人間」の観念もそれに応じて、生物学的な人間共同体（ヒト）の枠組を超えて拡がり得ることを含意しているのである。

トーテミズムという思考は、原体系としての動（植）物の全体的な相互関係をまず想定して、それに重ね合わせて人間集団間の関係全体を分類し、両体系が照応しつつ統合されている全体として世界を理解しようとするものである。だから、動（植）物は人間の始祖であり、一方では同氏族員や結婚相手でもあり得ることになる。トーテミズムとはまさに、人間観にこうしたほとんど際限のない自由さを与える思考法なのである。(3) そして、ここで最も重要なのは、精神分裂状態に陥らせないように二律背反的な集団的自他規定から個人を柔軟に救い出すヴェズ人の親族論理に、それが直に繋がっていることである。それらはいずれも集団の閉鎖性を打開して乗り越えようとする「人間」の論理なのだ。トーテミズムの最も重要な機能をここに見出すことができる。

出口の報告は、このようにして、ヒトならぬ「人間」とは実体と言うよりもむしろ観念であって、ほとんど無際限に自由な内容規定の拡大へと開かれていることを明らかにした。

## 縮約の論理

出口の報告を右のように理解した場合、最初の図式（図1）はさらにそれを縮約することも、また逆の端へ延長することも可能ではないか。端的に言うと、私はそのようにコメントした。

図2

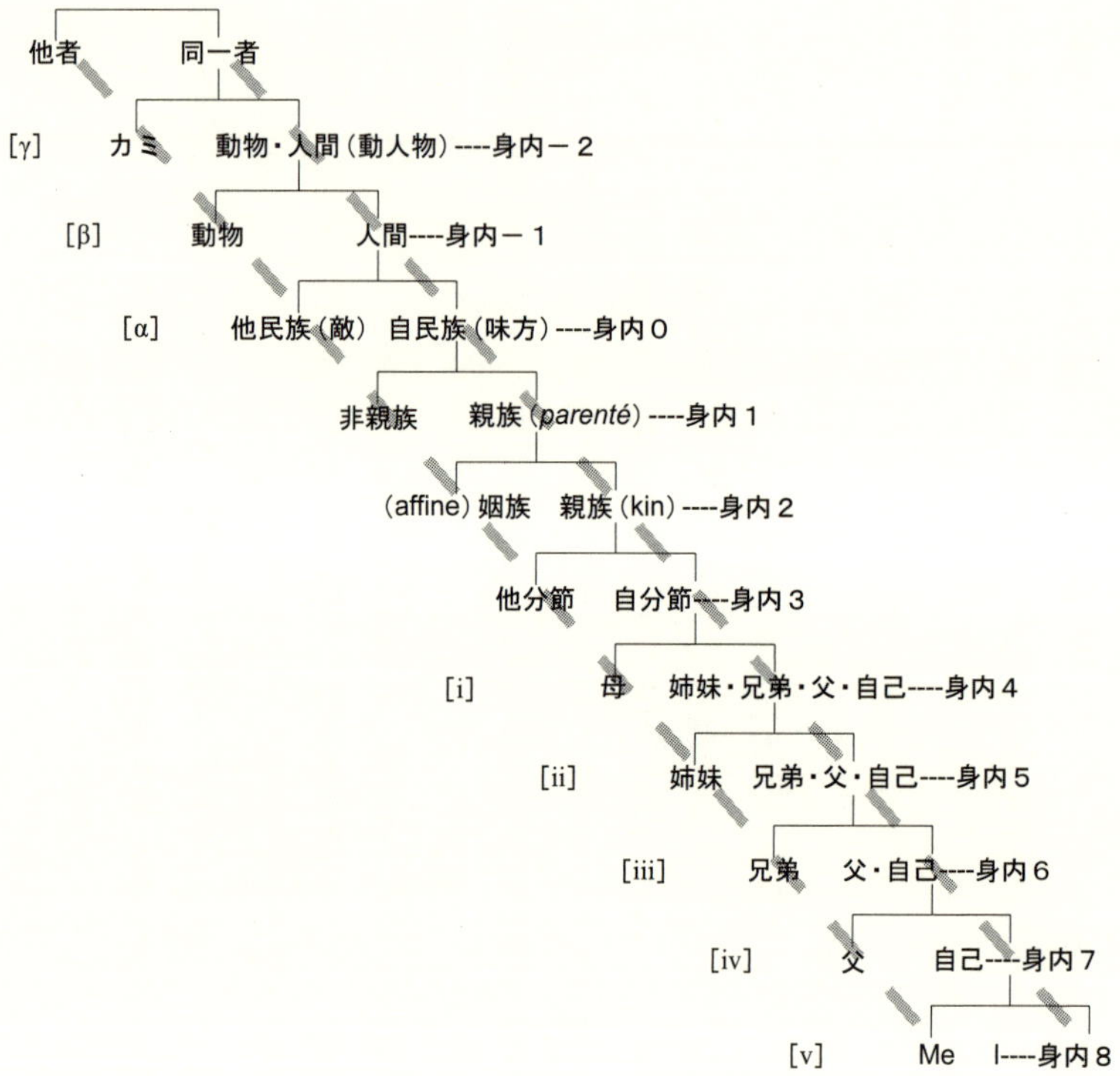


まず、縮約から始めてみよう。家族（自分節）を身内3と名付ければ、身内3は［i］「母／姉妹・兄弟・父・自己（身内4）」へと、身内4は［ii］「姉妹／兄弟・父・自己（身内5）」へ、身内5は［iii］「兄弟／父・自己（身内6）」へ、さらに身内6は［iv］「父／自己（身内7）」へと縮約できるだろう。くわえて、身内7は、［v］「客体としての自己（me）／主体としての自己（I）（身内8）」へと縮約でき

るかも知れない。そして、［i］と［ii］は不毛ではないが一般には禁じられたインセストの、そして［iii］と［iv］は同性愛、［v］はオナニズムという不毛の性の水準を示している。

しかし、既に明らかな通り、インセスト・タブーが人間に普遍的なものであっても、どの水準にそれを設定し、具体的にどう内容を規定するかは、諸集団の置かれた状況と判断に応じて多様なのだ。したがって、多くの場合にインセスト・タブーの対象となっている［ii］の水準にタブーを設定せず、ここ（まで）を（望ましい）結婚の水準として認知することも論理として不可能ではない。

事実、シンポジウムでは青木健一が、ローマ帝国支配期のエジプトでは同母姉妹との結婚がそれなりの確率で行なわれていたことを、シャイデルの説を引用して報告した。青木はまたホプキンスを引いて、「同じ父母を持つ妹なるわが妻」と記された記録がある事実を補足している[4]。

青木によると、鳥類でも哺乳類でも、兄妹交配に伴う近親弱勢（inbreeding depression）は、ごく早い時期に交配を始めることで繁殖率を高め得るという別の利点によってかなりうまく補償されている。しかも、この点では人間の場合も同じであることを、青木は先の古代エジプト人の資料を例証として論じたのだ。

しかし、兄妹婚の可能性を必ずしも繁殖戦略に還元して論じる必要はない。生物学的にはそれが不毛の性ではない以上、実際に家族を作る結婚として社会的に認知され得ることは、先に挙げた縮約の論理で十分に説明がつくからだ。一見、青木が提示した古代エジプトの資料は、「王族の近親婚」（royal incest）という人類学の古い仮説の適用範囲を幾分見直すことを要請するようにも見える。とは言え、古代エジプトの場合もＦＢＤ婚と同様に、経済や心理など別の要因による何らかの任意の配偶者選択に基礎を置く「複合構造」の一つと考えることで十分に解決がつきそうだ。即ち、近親婚によって親族の範囲が狭く鎖されることが不利益に繋がらないのは、圧倒的な権力や膨大な財産を独占する者たちの場合だ。それには、貴族や商人なども含まれる。「王族の近親婚」という仮説は、こうした状況の極点に（神聖）王権を位置付けその論理を原理的に純化して強調したものと言えるだろう。(5)

一方、同様に不毛の性ではないとは言え、［ｉ］の水準での他者との結婚（母子婚）を許す事例は知られていない。母とは、婚入して来た女性として、元々他者性を帯びた身内なのである。縁組み・連帯理論においても、母をどう解釈するかが最も困難な点であることを、レヴィ＝ストロース自身が認めている。本稿では、古代ギリシャのテーバイ市の始祖神話であるオイディプス王の物語が、母子婚の可能性を逆説的な形で指し示していると述べるに止めたい。(6)

つぎに、［iii］、［iv］の水準に移ろう。それらは不毛の性の水準であるがゆえに、性関係は生にではなくむしろ死に親和する。したがって、それらの各対の二項間の愛憎は結局殺戮の物語として表現されるだろう。例えば、オイディプスの悲劇的な運命は、元来彼の父親ライオスの同性愛に向けられた神の呪いに端を発していた。やがて、アポロンの神託によって自分の運命を知ったオイディプスは、自らの運命を逃れようと試みた結果、それとは気付かずにライオスを殺し、皮肉にも運命を成就してしまうのだ――［iv］の水準。つまりこれは、それゆえに、個人の意志を超越した構造的な力の物語なのである。運命とは、その構造的な力の表象だ。

さらに、オイディプスの息子たちであるポリュネイケスとエテオクレースは、テーバイの支配をめぐって相争い、刺し違えて果てることになる。外婚制では家族の自助、裏返せば家族間の血讐（暴力の互酬交換）は、結婚（女性の互酬交換）と同じく共同体の秩序を守るための厳格な規範である。ただし、それは「自然な」「人情」ではなく、人間に対する構造の命令なのだ――ニーダムが論じた通り、感情は構造に枠付けられて、結果としてそこから生まれてくる（ニーダム、一九七七）。そして、逆に家族内での結婚は家族内での血讐と構造的に同一である。言い換えれば、姉妹との近親婚は兄弟殺しと同値の表現となる。オイディプス物語には、この表裏両面が共に描かれているのである。

最後に、［v］の水準を代表するのが、ギリシア神話のナルキッソスであり、旧約のオナンだと言えるだろう。

## 異類婚・半神・イエス

さて今度は、**図1**の反対の端に目を移すと、出口が示している通り、動物と人間（他者同士）は両者の共通の他者となり得る何者かを想定する時に、その何者かに対置される同一者（身内-2）となり得る――［β］。まさしく、これがトーテミズムの分節水準である。そこでは、動物と人間の結婚も論理的に可能になる。こうして、日本を初め、世界各地で無数の異類婚姻譚が育まれてきた。しかしながら、人々の日常の生においては、両者の性関係は獣姦という不毛の性でしかあり得ない。人々はそれもまた多重な現実の一つとして矛盾なく受けとめていたのは当然である。

実は、**図1**を次のようにさらに先に延長することができる。右に述べた同一者としての動物と人間（身内-2として「動人物」とでも呼ぼうか）に対置される他者とは一体何者だろうか。それはカミに違いない――［γ］。そしてさらに、互いに他者同士であるカミと「動人物」が（絶対的な外部としか言いようがない）何者かに対置されると、今度はカミと「動人物」との異種間性交や結婚が可能になる――この水準での同一者として。ギリシア神話は、女神たちばかりか、人間の女性（や若者）もかどわかして止まない神々が群れ騒ぐ放蕩な饗宴に他なるまい。ギリシア神話の英雄《ヒーロー》とは、カミと人間との間に生まれた半神たちであった。

しかし、カミが生んだのは英雄たちだけではなかったと言える。牧神《パン》やサテュロスのように半身がカミ（=人間）で、半身が獣という存在や、ライオンと鷲と人間とのキメラであるスフィンクスも英雄たちの同類、つまり半神《デミゴッド》なのである。

フレーザ（Frazer, 1922）によれば、イタリアのネミにある聖なる森の祭司である「森の主」は、女神デイアナの配偶者だった。また、ネパールのクマリや伊勢・加茂の斎宮など、処女なる巫女とは、本来カミの妻である。そして、キリスト教の修道女《シスター》は、カミとの霊的な合一を一心に願い求め、そうした精神活動に秘めやかなエクスタシーさえも見出す女性である。無論、「人間」としての彼女たちの存在は決して観念だけに止まらず、まぎれもない現実である。

処女降誕したイエスもまた、同一者としてのカミと人間の結婚によって生み成された者であった。ただ、キリスト教の信仰においては、イエスの降誕はカミと人間の結婚のたった一回限りの実現の表象であって、現実の生活では修道女とカミとの合一は結局不毛の性でしかなく、第二のイエスを産み成しはしない。それゆえに、カミと人間の合一は、生ではなく死に親和する。他でもなく、イエスは犠牲となって死すべき使命を担って降誕したのである。

しかしながら、神の受肉による人間の救済という思想こそが、他のいかなる宗教からもキリスト教を厳然と分け隔てている。そしてそのキリスト教の人間観こそが――ヴェーバーの言った通り、因果連鎖による「予期せぬ結果」としてではあるが――今日の荒々しい世界資本主義を導き出したのだった。その世界資本主義が今度は現今の支配的な人間観に決定的な影響力を揮っているのは、ここであらためて言うまでもない。

この意味において、出口や本稿の議論は決して空疎な観念論と見なされるべきではあるまい。現実を作り出すのは決して実体だけではない。観念それ自体もまた状況を定義して新たな現実を作り出すものとして、先行する現実に劣らず、あるいはそれ以上に、一つの確かな現実なのである。人間とは、人間という観念を生きて歴史を作り出して来た者たちのことだ。

## 「人間」と不毛の性

以上の仕方で、**図1**を両端方向へ延長した**図2**をここであらためて眺めてみよう。すると、この図の性行為が可能な範囲が「人間」という観念の及ぶ領域だと言うことができる。ただし、可能ではあっても禁じられた性の範囲が、図の両端とその近傍に位置している。この領域に足を踏み入れた者は、社会によって「非人間」と名指されるだろう。すると、可能性としての人間（つまり「非人間」）の範囲と、家族を生み出す人間の範囲という二つの「人間」の水準が設定されていることになる。そして、両者の分節は各々の社会がそれぞれ特殊的に決定する。ただし、その一般的な傾向は既に明らかだ。**図2**の中央辺りに位置する部分、つまり現実生活で不毛の性とはならない部分が、後者の意味での人間の領域に指定されているのだ。しかも、この「生殖としての性」の領域からは各社会が近親婚に指定している部分が排除されている。

言い換えれば、人間社会は多型的であり得る性行為の内から、近親婚（と定義した部分）を除外した生殖の営みだけを結婚によって合法化して、家族・共同体の組織化と維持に利用して来たのだ。こうして性は厳しく管理され、抑圧された。しかし性現象は抑えようもなくそこから外へ溢れ出て、社会の構造原理であると共にその破壊要因ともなるという性の社会的両義性が、ここに胚胎する。

さて、シンポジウムのオーガナイザー川田順造は、基調報告で、「近親性交が穢れた行為として忌避される一方で、始祖神話には母子・兄妹などの近親性交はしばしば語られている」事実を指摘して、その「穢視／聖化の両義性をどう考えるべきか」と問い掛けた。本稿は既に半ばこの問に答えていると思う。だがここで、もう一歩踏み込んで考えを進めてみよう。

先に「可能な人間」と「家族を生み出す人間」の二つの人間の水準が認知されていると述べた。今あらためて、前者を「非人間」、後者を「人間」と名付けて整理しておきたい（**図3**）。

「非人間」は、共同体を成立させている根源的な規則を犯し、破壊的な衝撃を与える。穢れとは実体である以上に、秩序が混乱する感覚の表象である——単純過ぎてやや不適切だが、衣服についたジャムを想像して欲しい。ただし「非人間」は、災厄をもたらす不吉な者に止まるわけではない。その行為は乱された元の秩序をまざまざと写し出す鏡ともなって、人々に根源的な規範を強く想起させ、再確認させることにもなる。この意味で、「非人間」は聖なる者、つまり正統性を与える権威となり得るのだ。しかも彼らが促すのは、決して単純な始源の反復であるとは限らない。それは、新たな秩序を再創造する契機ともなり得よう。こうして、時として「非人間」は、制度の始源に置き直され、始祖として表象されてきたのだと言える。

**図3**

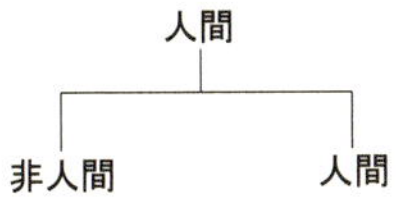


また、現実のインセスト・タブーとは異なる水準での結婚のタブーの侵犯となる異類婚も同様に反社会性を帯びて、両義的な聖なる力を生み出す。安倍保名《あべのやすな》と和泉国の信田《しのだ》の森に棲む雌狐である葛《くず》の葉《は》の間に生まれたとされる歴史上の人物安倍晴明《あべのせいめい》は、任官して従四位下にまで昇った、陰陽師の始祖であった。ここに歴史の中へと溶け入っているトーテム思想の好例がある。いわば、現実がイメージを模倣するのだ。

ちなみに、「聖なるもの」の理論を生み出したのはヨーロッパだった。その諸言語の語源ともなっているラテン語の *sacer* が「清浄／汚穢」を同時に意味する両義的な語であったことは、決して偶然ではあるまい。

## 性と「生／死」

人間ならざる者とされた者は、しかし、多くの場合そのまま聖なる者となるのではなく、自らの死を通じて聖性を獲得する。実の息子オイディプスの妻となったイオカステは、（ソフォクレスの『オイディプス王』では）自ら縊れて命を終えた。そしてオイディプスは我と我が目を抉り、テーバイ市の外へと追放されて、放浪の中で果てた。それは（表象としての）死を生きることであった。近親婚は、実際には家族を作り得る生殖であり得るがゆえに、不毛の性には属さない。しかし当事者が死すべき者とされることによって、その可能な生殖としての性は不毛の性へと制度的に排除され、それに統合されるのである。沖縄のオナリ神も兄妹婚で始祖となりながら、身を恥じて自死した女性として形象されているのはそれゆえだと考えられるだろう――ただし、不婚（不毛）の女性についての王権の論理は別にある（小馬、近刊）。

インセストを犯した男女の内で常に女性が死ぬべき者（「非人間」）となるのは、生命を再生産できる者が女性だから、つまり女性が生の原理を代表するからに他なるまい。一方、男性は死を生きることによって死を引き受ける――オイディプスのように。それは、歴史上何時でもどこでも常に男が「同一者」（身内）を守って戦い、命を賭けて殺し合う者だったからだ。この意味で、男性という性には、「同一者」である「人間」のために消費される性として、どこか「非人間」の属性が刻印されている――例えば、殺し合うことを予定されている類としての男性は女性よりも五％ほど多く生まれ、女性よりも数年早く命を終えるのだ。

どの社会でも女性の同性愛が強く抑圧されたのに反して、古代ギリシアのスパルタや、前近代の日本など、男性の同性愛に寛大であるばかりか、逆にそれを賞揚しさえする社会が決して少なくなかった。生命を再生産すべき性である女性が不毛の性である同性愛へと向うことは、社会の死を意味しよう。ところが、生命を再生産しない性、いわば「不毛の性」を代表する男性が不毛の性行為である同性愛に向う時、それは逆に社会の生を意味し得るのである。それは、死を賭けて闘う男性の力には、死に到る高揚としての同性愛によって強く賦活され、共同化され、担保されるという面が見られるからだ。そのゆえにこそ、男性の同性愛が聖なるものとして規範化される場合があったのだと言えるだろう。(7) この場合、同性愛は結婚が同一者の内部に新たな他者性を創り出す仕組みであったのとは裏腹に、同一者の同一性を高めるための文化装置だった。

インセストとしての兄妹婚や母子婚にせよ、同性愛にせよ、それがエロチシズムの極点となるのは、このようにして死と隣合っているからだ。しかし、性はどうして生よりも死を志向するという逆説を呼び込まずにはいないのだろうか。恐らく、それは次の理由によるのだ。絶対他者である二人の人間は、性交においてのみ同一者となり得るが、しかしそれは儚い瞬間であるに過ぎない。ところが、死は永遠の同一性の中へとやがて全ての生を例外なく回収し尽す。それゆえに性交という同一性の瞬間は、死という同一性の永遠を夢見、志向するのである。

すると、ここでもまた性交と結婚のパラドックスが浮かび上って来る。レヴィ＝ストロースの言う「インセストとしての結婚」は、同一性を前提として、そこに他者性を創り出すものであった。一方、性交は他者性を前提として、そこに同一性を作り出す営みなのである。かくして、結婚は性を裏切り、囲い込んで管理し、利用する。しかし、不毛の性は性を結婚（と生殖）から解放し、死に向って高揚しようと欲し続けることであろう。

# 2 「人間」を超えて

## 人間中心主義批判の逆説

連帯理論など、レヴィ＝ストロースの構造主義は、構造を人間（の理性や主体性）に優先させる反人間主義だという批判を繰り返し浴びてきた。しかしその反面、彼の理論を含めて、社会＝文化人類学全体が人間中心主義だとして、霊長類学の激しい反撥を蒙ってもいる。それは、社会＝文化人類学が人間と他の動物との間に深い断絶を見るからである。

霊長類学の近年の目覚ましい成果は、人間と類人猿との間に横たわる幾本かの溝を一本一本丹念に埋めて行った結果として得られたものだった。道具使用という溝は、チンパンジーの「釣り棒・紐文化」、「掘り棒文化」、「叩き割り文化」の発見で、比較的説得的に埋められた。ただし、インセスト・タブー、家族、言語の溝は、そう単純には行かない。

霊長類学は、サルや類人猿ではどちらか一方の性、または双方の性の個体が成熟前に集団を離れて複数移籍を繰り返すこと（mate out）と、集団に留まりながらも近親との性交を回避すること（mating avoidance）の二つによってインセストの回避（incest avoidance）が図られていることを明らかにした。しかし、それらの現象は前節で詳しく述べた人間のインセスト・タブーと比較すると、本能的で、いかにも単純である。それは、人間のように表象行為を組み込んでいないからだ。

表象行為は人間の言語能力の所産である。だから、類人猿の言語能力を実証する戦略が採られたことは理解できる。言葉を話させる訓練は、類人猿にそのための身体装置（音声を細かく分節する口や喉の構造）が備わっていないことが判って挫折した。それに代ってアメスラン（米国の言語障害者の手話）を教える実験の結果が、類人猿の高い言語能力を証明したように思われた。しかし、アメスランには、例えば自分の身体を指差して「私」を意味するなど、画像的で、表象性が低いという問題があった。そこで、意味される内容を連想させない抽象的な記号を書いたプラスチックの札を組み合わせて文章を作る実験が実施され、類人猿の表象能力が見事に実証されたのだ。

この方向での研究で目を瞠るような成功を収めたのが、サベージ＝ランボーの実験だった。雄のボノボであるカンジは、教えられないのに英語の音声をそのまま聞き分けるようになった。そして、今や自分の意思を千語ほどの文字板を使って自在に伝えることができるのである。

だが、これらは実に奇妙な実験ではあるまいか。それは野生の類人猿の内面やコミュニケーションの仕組みを何も明らかにしない。また、類人猿が言語や文字を発明したわけでもない。逆に、彼らは英語を理解するようになった結果として、英語によって新たな内面性を獲得したのだ。実験が明らかにしたのは、類人猿には人間になる可能性があるということに他ならない。これを前節の脈絡に置けば、女性の交換（結婚）の代りにメッセージの交換（言語）によって彼等を同一者（人間）に変え、残余の動物たちに対置したのだ。だから、それらの実験は、科学の顔をしたトーテム的思考法を実体化しようとする試みに他ならないとも言えよう。カンジは進化したボノボの姿を現わしたのではなく、いわば「人間」にさせられたのだ。

ここに明らかになるのは、不可解な逆説である。社会＝文化人類学の人間中心主義を痛烈に批判して、ヒトを自然史の中に位置付けようと努力を傾けてきた霊長類学。それがヒトと霊長類との間の溝を埋めることに熱心な余り、そうとは自覚しないまま、いつの間にか類人猿を「人間」に変換してしまったのである。一体、これに優る人間中心主義が他にあり得ようか(8)。

霊長類学がこうした重大な背理を省ようとしないのは、ヒトを生物進化の頂点に置いて疑わず、類人猿が人間性（humanity）以外の形で深い内面性を築き得る可能性をもっているとは思ってもみないからであろう。人間を頂点に置く単系的な進化の思想は、まさしく妥協なき人間中心主義そのものではないのか。

## ボノボ――もう一つの内面性

私がここで端的に述べたいのは、霊長類学が自然史におけるボノボの位置付けを間違えてきたのではないかということだ。ボノボは「人間に最も近い類人猿」（榎本、一九九七）ではなく、むしろ「人間から最も遠い類人猿」なのだ。人間性へと向う線上にあるのではない、もう一つの深くて豊かな内面と生とを構成し得た唯一の類人猿がボノボだと思う。その起源は性にある。(9)

チンパンジー属の二種は、共に複雄複雌集団を作り、乱交的な性交渉をするが、その生のあり方は鋭い対照をなす。チンパンジーの雄の間には厳格な順位性と上下関係があり、第一位のアルファ雄は威嚇行動で絶えず群の締めつけを図る。彼等は、肉食を好んで群で狩りをし、縄張りをめぐる群同士の争いは熾烈を極める。一方ボノボの順位は不明確で、個体関係は性をめぐっても権力的でなく、対等性が著しい。また、彼らは完全な草食者で、群同士は儀礼的に抗争を回避しようとする。

ボノボは、異性の大人同士だけでなく、同性の大人同士や大人と子供の間でも頻繁に性交渉を行い、個体間の様々な関係を巧みに調和させている。一歳に満たない内から、大人を相手に性交や雌同士の性皮こすりの真似事を始めるのだ。実の母親も雄の赤ん坊と「交尾」する。つまり、大人の雄とその母親以外の組合せなら、性や年齢に全く関わりなく誰とでも多型的な性交渉を行うのである。大人同士でも射精を伴わない性交も珍しくない。多型的な「不毛の性」に「社会的」な——より正確にはコミュニケーションとしての——意味を積極的に与えていると見るべきだろう。

大切なのは、性行為によって絶えずその場で優劣関係を解消する点である。例えば性皮こすりをして他の雌から食糧を貰う場合、その体位は、優位な与える側が下になる。このように、性交渉は個体同士を結び付けるだけでなく、交換関係が作り出す負い目(負債)を即座に精算する働きも同時に果している。ボノボは、そうすることで、贈り物や交換を通じて個体関係が構造化される可能性を絶えず排除し続け、ひいては社会と自己（社会と相互的に分節される、社会性を媒介とした自我）の成立を意図的に回避しているのだ。しかも、言語を持たないことによって、贈物という意識が生まれてそれが記憶されることも未然に防いでいると言えるだろう。

要するにボノボは、人間が女性（および物・メッセージ）の交換を手段として家族と共同体を創り出し、そこから複雑で重層的な社会を発展させたのとは全く異なった方向に向って、性関係を高度に構築してきたのである。その結果、ボノボは人間よりずっと気ままで和やかな生を獲得し、維持しているのだ。人間は全ての出発点にインセスト・タブーを置いた。そして、インセストの禁止を通じて自然の差異（sex）を強化した性差（gender）と年齢カテゴリーを作り出し、その差別化を前提とする交換のシステムである共同体を立ち上げたのである。社会的な交換は禁止が創り出す欠乏を埋め合わせる相互的な活動だが、それは差異を埋めて差別を解消するのではなく、逆にそれを強化し続ける連鎖を駆動するのである。

これに反して、ボノボは能う限り性の禁止を取り除いて解放した。性や成熟度ばかりか、血縁の差異すらも極限まで均し、群の全成員を任意の多角的な性関係へと向かわせたのである。それは、あらゆる自然の差異を抑制し、性を通じて、自由で且つ融和的な群のあり方を実現する巧みな戦略であったと言える。

このように、人間とボノボは互いに裏腹な形で性を組織し、それぞれに固有の世界と内面性を生み出した。人間の性はタブーに反しない限りの生殖という狭い範囲に囲い込まれたが、ボノボの性は生殖から存分に解放されている。だがその反面、強く惑溺する深い快楽の喜びからも遠離り、性は半ば言語に代るコミュニケーションの手段と化している感もある。

翻って人間を見れば、最も親密な異性である姉妹と娘たち（それに母親）を性交の相手とすることをタブーとして封じ込めたがゆえに、その性の営みは想像力によって深く内面に根を下した性愛（エロス）へと高められた。それは、インセスト・タブー以前の全なる同一性を求め、内と外、自と他との完全な合一を志向する精神の暗い炸裂であり、内に強い葛藤とその克服のドラマを潜めた、情念的な快楽を伴っている。

結婚とは、チンパンジー型の抗争的な生を生きたヒトが、群同士の熾烈な抗争を回避して生存を確保するために発明した、画期的な仕組みであったに違いない。そして、ボノボはそれとは全く正反対の方向へと歩み続けてきたのである。

だから、ボノボに人間としての、あるいは人間になる可能性を探し求めるのは、根本的な誤りではないのか。ボノボに直に「人間」を見ようとしてはならないのだ。我々は、人間性（humanity）を新たな方向へと大きく再編する可能性を具体的に示唆してくれる存在として、彼らの性と生の意味を捉え直すべきなのである。

# おわりに

本稿を閉じるに当って、かつてレヴィ＝ストロースが次のように述べていたことを思い起しておこう。

途中下車地点が旅行の必要条件でもあり、またその否定でもあるように、家族は社会の存在のための必要条件でもあり、またその否定でもある（レヴィ＝ストロース、一九六八、二八頁）。

彼は、結婚と家族を、人間が人間になり、人間が人間であり続けるための歴史上の、しかしそれゆえに一時的な必要悪として受けとめているかのようである。

確かに、それらの制度は人間の存在にとって、もはや永遠の前提でも不変の原理でもなくなっていると言えよう。工業化による生産力の革命的な飛躍を経て、人間は家族から独立した個人としても生きて行ける社会的条件を獲得した。そして女性は、もはや疎外されて力ない「交換の客体」ではあり得ない。かくして周知の通り、二〇世紀後半から欧米では家族の紐帯が随分と緩かなものとなって久しい。

それゆえに、「不毛の性」として危険視され、忌み嫌われてきた性の諸側面が何時までもそうであり続ける必然性は失われ始めている。そして、社会の事実がそれを徐々に裏書きしてきた。一例を挙げれば、ドイツでも二〇〇一年八月一日に「生涯のパートナー法」が施行され、米国の一部の州やオランダ、北欧諸国に続いて同性愛者同士の結婚が合法化された。不毛の性の「穢視／聖化」は、欧米では次第に昔語りになりつつあると言えよう。(繰り返せば、感情は構造の所産なのだ)。

とはいっても、(王権なき現代社会では)近親性交や近親婚がタブーの対象から外される気配は微塵もない。これまでにイスラエルのキブツなど幾つかの実験が試みられたにせよ、人間はまだ家族に代わる包括的な社会編成の仕組を探しあぐねているからである。しかし、人間がどこでもジェンダーとそれに基づいてきた社会や文化のあり方を見直し、一人一人の固有な性(「n個の性」)の尊重へと確実に方向修正をしつつあることは疑いない。やがては、インセスト・タブーの再検討をタブー視しない、新しい「人間」の論理が姿を現わす日が訪れることになるのかも知れない。

実は、「n個の性」とは、いわば遙かな以前からボノボが実践し続けてきた、「もう一つの人間性」の基盤とも言うべきものであった。この意味でボノボとは、まさしく新しい「人間」の可能性を示唆する存在なのである。

人間のエロチシズムは、常に死に親和的であり、人間や社会の存在そのものを脅かす暗い非合法な力の影を纏ってきた。そして、アモラルで、血や暴力の匂いさえ漂わせていた。というのは、エロチシズムが、家族と共同体を作る結婚の禁じられた陰画であり続けたからだ。だが、新しい「人間」は、エロチシズムから暴力性と反社会性を拭い去り、人々を融和させる力へとそれを作りかえる可能性を秘めている。

しかしながら、現実のボノボの性と生がそうであるように、新しい「人間」の論理は、原理的にエロチシズムの基底を排除してしまうようにも思われる。それがもたらすのは深い情念的な性愛不在の世界になるかも知れない。たとえそうではあれ、人間から分離した資本の論理の自己運動が人間そのものを破壊するような荒々しいものではなく、もたらされる世界が遙かに和やかであることだけは確かだろう。

さらに言えば、生命科学と生殖医学の凄まじい進展は、クローニングによって、女性が自分と完全に同一の遺伝情報をもった娘（双児の分身としての歳の離れた妹）を単性的に産める可能性までも用意してしまった。究極の同一者が出現し得るというこの現実を目の前にして、これまでの古い「人間」観は果してどこまで妥当であり続けられるのだろうか。この問を胸に留めて、深く自問したいものだ。

私たちは、一方ではトーテム的思考法を見つめ直して、[10]また一方ではボノボを鏡として、柔軟で且つ強靭な新しい「人間」の論理を鍛えあげなければならない。

**注**

（1）ここで言うのは、（例えば日本人ならぬ）普遍的な存在としての人間である。即ち、それは共同体の紐帯の外でも自立して、自分を完全に律しつつ合理的に生きられる者という、十八世紀の西欧が発見した概念である。ロビンソン・クルーソーが一つの典型と言える。

（2）実は、訳語自体が問題だろう。exogamy は族外婚とは限らない。外婚とすべきである。

（3）例えば、日向に天下ったニニギの息子ホオリと孫息子のウガヤフキアヘズはいずれも異類であるワニ（豊玉媛・玉依媛）と、そして曾孫の神武は隼人（この名自体が異類を含意）の娘（アヒラ〔ツ〕ヒメ）と結婚する。この水準では、異類と異民族は歴史的遷移を含みつつも天孫族の他者として同一者である。またこれらの結婚が成立したのは、広域的な支配者たらんとした天孫族がその時点で彼等を同一者と認めたからだ。日本神話には人間という観念の自由な広がりと自在な規定性、あるいは操作性の交錯を存分に読みとれよう。

（4）古代エジプトの王族が兄妹婚をしたことはよく知られる。例えば、アレクサンダーの家臣が興したギリシア系のプトレマイオス王朝でさえも、その二代目の王であるフィラデルフォスが、エジプトの伝統に倣って姉のアルシノエ二世と結婚している。

（5）王族の内婚の論理については、小馬（近刊）参照。

（6）ただ、先王の妃が存命なら新王が彼女を妃としなければならないという、アフリカ諸王国に往々見られる規範をあわせて想起しておきたい。この場合、潜在的な母子婚の可能性が暗示されていよう。

（7）芸術家に同性愛者が多いのも同じ理由によるだろう。芸術とは、集団の共同幻想（文化）に取り込まれた部分的な私的幻想の表現である。前者が動物の本能に代って集団と個の永続を保証する（現実原則）のに対して、後者は快楽を追求する（快楽原則）のであり、それゆえに死に深く親和するのだと言えよう。そして、戦士の同性愛が共同体的であるのに対して、私的であり、より強く快楽的だ。

（8）時折、霊長類学者から、高い知性をもつ類人猿の生体実験への非難の声や、人間に準じた生存権を認めて保留地を確保すべしと言う声があがる。なるほど、もっともなことだ。しかし、彼らに言語を教える訓練それ自体を暴力と捉えて自省する発言をなぜか聞かない。

(9) 私は、霊長類学の圧倒的な成果に学びながら、既にこの見地から小論を纏めている（小馬、二〇〇〇、一三～二八頁）。より立ち入った議論はそちらに譲りたい。

(10) レヴィ＝ストロースは、狂牛病が現代社会にもたらした衝撃の意味を、トーテミズム論の観点から鮮やかに分析している（レヴィ＝ストロース、二〇〇一）。

**参考文献**


榎本知郎、一九九七『ボノボ――謎の類人猿に性と愛の進化を探る』丸善ブックス

小田亮、一九八九『構造主義のパラドックス――野生の形而上学』勁草書房

小馬徹、二〇〇〇『贈り物と交換の文化人類学――人間はどこから来てどこへ行くのか』御茶の水書房

小馬徹、近刊「王のカリスマ性」安丸良夫編『宗教と権威』（講座〈天皇と王権とを考える〉第4巻）岩波書店

黒田末寿、一九八二『ピグミーチンパンジー』筑摩書房

渋澤龍彦、一九八四『エロス的人間』中公文庫

レヴィ＝ストロース、二〇〇〇『親族の基本構造』、福井和美訳、青弓社

レヴィ＝ストロース、一九六八「家族」祖父江孝男編訳『文化人類学リーディングス』、誠信書房、三～二八頁

レヴィ＝ストロース、二〇〇一「狂牛病の教訓」『中央公論』一四〇三号、九六～一〇三頁

ニーダム、一九七七『構造と感情』三上暁子訳、弘文堂

Frazer, J., 1992 (1911), *The Golden Bough*, London : Macmillan.

Savage-Lanbaugh, S. / Lewin, R. 1994, *Kanzi:The Ape at the Brink of the Human Mind*, London et. al.:Double Day.

# III

［文芸の深みから］

＊恋人ときょうだい――親愛の情からみる家族の起源

# 自然過程・禁忌・心の闇

古橋信孝

文化人類学は、自然人類学と区別する概念として文化を据えている。文化をもつことが人間だということである。人類が生物学から霊長類に分類され、類人猿から派生したものであるとしても、高度の文化をもつことで決定的に区別されると考えるわけだ。

私個人は、文化人類学は書物から学んだだけだが、人間を考えるときに、文化を基底にしている。しかし、文化の起源を考えていたことがあった。人間の観念はどこまで遡れるのかという問題であった。一九七〇年代後半、人間という概念自体が確かなものでなくなっているように感じられ、検討する必要を感じ出したからだ。歴史的に考えてみれば、アイヌの人々にとって、アイヌが人を意味するように、自分たちの部族だけが人間にあたる社会から、そういう部族を超える概念として、同じ宗教に属する者たちが人間にあたると考える社会、そして、科学的に、つまり生物学のなかに位置づけ、他の動物と区別することで人類として人間を共通に把握する社会という歴史を、基本的に考えていいように思えていた。しかし、われわれの時代である現代の人間はきわめて曖昧で、たとえば、残虐な人殺しをした者に「人間ではない」というような言い方をするが、人間以外の動物には、危険から逃れるためか食料を得るためなどの必要性に迫られない殺しはないといっていい。チンパンジーが特殊な殺しをするのはテレビで見たことがあるが、それもたまにしか起こらないことらしい。その意味では、残虐な殺しは最も人間的な行為といえるわけだ。それなのに、人間の理想的な像を幻想し、そこから外れる行為を非難する。観念ではなく、科学的に人間という概念を普遍化しようとしたはずなのに、より観念的な人間的という言葉が価値をもっているわけだ。

人類学の成果によっていろいろの社会が示され、生命を維持するための行為以外、人間の共通性は高度の言語をもつこと、複雑な思考や感情を持続させることなどしかないことが明らかになっている。家族のあり方、生き方などはそれぞれの社会の文化の問題になる。ならば、人間の共通性として、普遍的な観念はないのか、それが知りたいと切実に思った。

私が直接問題にしていたのは、日本の古代文学、主に歌では、家族内の関係を示す妹を意味するイモという語が恋人をさす場合が多くあることだった。それを、一九五〇年代末から六〇年代初頭にかけて、エンゲルス『家族・私有財産および国家の起源』（一八八四年）を元にし、そこに引かれている人類学の、妻の姉妹も妻にしうるという事例から説明する論が出され[1]、七〇年代には、初頭、西郷信綱が「近親相姦と神話」[2]を書いて、「イモとは夫または男が自分の妻または恋人にたいし一定の特殊な状況において親愛の情をこめていう呼称」と論じ、それに対し、益田勝実が人類学の成果をふまえ、沖縄、台湾に広がる兄妹始祖神話を視野に入れて考えるべきだと批判するという流れがあった[3]。そして、西郷、益田の論をふまえ、保坂達雄が「神話と習俗は逆立する」として、実際の兄妹婚の禁忌と神話の関係を論じた[4]。そういうイモについての論の流れを受けて、私はレヴィ＝ストロース『親族の基本構造』[5]を始め、人類学の親族関係の書物を読みあさり、家族の起源と神話という問題を考えることになったのである。「兄妹婚の伝承」として活字になったのは一九八〇年のことだった[6]。

その論文では、以下のことを論じた。

『古事記』の「妹」例は、婚姻関係の場合にのみ、「庶妹《ままいも》」と表記され、異母妹であることを明らかにしており、逆に同母妹をあらわす「伊呂妹《イロモ》」は、允恭天皇条の、実兄軽太子と通じた軽大郎女に使用され、その事件で太子は流罪になっている。したがって、結婚の場合には、同母妹は禁忌、異母妹は許されるという区別があったことがわかる。イロモは『古事記』には他に二例みられるが、ともに同母兄妹の結びつきの強さを語る話である。垂仁天皇条の、サホビコ、サホビメの話は、兄が「夫と兄とどちらがだいじか」とイロモのサホビメに問い、ヒメは兄がだいじと答え、サホヒビコが、ならば妹の夫である天皇を殺して、二人で天下をとろうと提案し、ヒメは結局天皇が殺せず、兄妹はともに死ぬという内容である。沖縄の兄妹関係の伝承や民俗では、妹は兄に対して霊的守護者、兄は妹に対して現実的な守護者という関係があり、どちらが結婚してもこの関係は続く。この関係と、サホビコ・サホビメの話は通じている。したがって、同母兄妹は性的に禁忌であることで、強い結びつきをもつことがわかる。普通の男女は存在が異なることで対立し、しかし結婚したり役割を分担することで協調しているから、この兄妹関係は男女の対立を禁忌とすることで、倍加する協調関係をもっているといえる。

一方、天皇の結婚には異母妹の場合が多いから、異母兄妹婚は理想婚と考えることができる。したがって、歌などで恋人や妻をイモと呼ぶのは、理想的な恋人、妻であることを示す。この考え方は、人類学で明らかにされた、交差いとこ婚と並行いとこ婚の関係と似ている。それだけでなく、理想婚とは、兄妹は幼児のころから一緒に育っているため、互いに気心が知れており、最も親しくできる相手であるという幻想を意味している。古代日本では母系的な結合もみられ、異母兄妹は必ずしも一緒に育ったとは限らない。しかし、同族であるという観念が異母であっても、同世代の男女により親しみを感じた。

さらに、兄妹を性的に禁忌とすることで家族が成立するということを論じ、この禁忌と理想が同母兄妹と異母兄妹として差異化されると論じた。

この考えは誤っていないと思っている。しかし、結局、観念はどこまで遡れるかは、家族の成立には、他の民族では、兄妹よりも範囲をいとこ婚まで広げるのが圧倒的に多いから、近親婚の禁忌が必要であることは共通しているが、やはり具体的な観念としての像は社会によって異なっているとしかいえなくなり、私の思考は中断した。

それ以降も、家族などについて考えざるをえない場合などあったが、思考は深められはしなかった。そして、二〇〇一年四月の人類学会における川田順造氏の今回の提起である。

シンポジウム「近親性交とその禁忌」では、文化人類学者と自然人類学者が組になって報告した。報告自体は現在の研究状況の一部がわかって勉強になったが、やはり並行関係から逃れられていないように思えた。そこで、自然人類学者に、文化人類学からの近親婚の禁忌をどう受け止められるかという質問をしてみたわけだが、山極寿一氏が、サルは幼いころからグルーミング関係をもった相手とは性的関係をもたない、それは親愛の情ということなのではないか、そういうところでヒトと繋がるところがあるかもしれない[7]、と答えてくれた。親愛の情とは、まさに私が兄妹婚の理想婚のポイントにしたところではないか。この答えがきっかけで、私の思考はまた始まることになったのである。

# 1 性の潜在性

人間とサルの共通性を生命の維持、種族の存続という点だけでなく、感情をもつことにもあるということは、家族の起源を親愛の情からみることができるかもしれないという問題になる。

感情は、現代、もっともやっかいなものであり、また問題になっている。社会が確かな型を失うと、個人と個人の軋轢が増え、ストレスが溜まる。ストレスとは、処理しようのない負の感情の蓄積だろう。そして、人間を捉えようとする思想はほとんど感情から考えてきていない。感情は統御の対象になっている。

家族を親愛の感情から考えるとする。われわれは、一対の男女の性的関係から派生したものとしての家族を考える。しかし、親愛の情から考えれば、男女の性関係、出産というようなレベルから離れることができる。日本の前近代社会では、実父母がいても、メノト（乳母、乳父）と呼ばれる育ての親がおり、一生親しくつき合った。親愛が家族を作る。といっても、実父母はいるわけで、そこが中心の家族である。しかし、メノトのほうが親しく接せられる。したがって、メノトは実際の血の繋がりによる親密さを薄いものにしている。なぜそうする必要があるのだろうか。血の繋がりによる親密さは社会的には危険だということではないか。家族は閉じられる性格をもっているゆえ、しばしば社会的な関係のなかでは対立的である。つまり、家族を社会的に開く働きをメノトはしていることになる。感情は個人や親密な関係のなかに閉じられる性格をもつ。それを開ききることは決してできない。感情は個別的な事件、事象のなかで生じ、時間の経過によって変質するものだからだ。それに対し、社会は、メノトのように、開く役割をもつ者や制度を作り出すことによって、軋轢を緩和しようとする。それだけではない。一方で、封じ込めようとする。それが禁忌だ。

古代日本は罪という概念で、さまざまな禁忌を示しているが、大祓祝詞に「国つ罪」として、

生膚断《いきはだたち》、死膚断、白人、こくみ、おのが母犯せる罪、おのが子犯せる罪、母と子と犯せる罪、子と母と犯せる罪、畜犯せる罪、昆《は》ふ虫の災、高つ神の災、高つ鳥の災、畜仆《けものたお》し、蠱物《まじもの》する罪。

と、性に関する禁忌、害虫や落雷などの災害、他人に害しようとする呪術を罪としてあげている。「生膚断、死膚断」は身体を傷つける罪でわかるが、「白人」は白子、「こくみ」は瘤のある人で、われわれの考える罪とは異なる。「おのが母犯せる罪、おのが子犯せる罪、母と子と犯せる罪、子と母と犯せる罪、畜犯せる罪」も性の禁忌で、いわゆる犯罪にはならない。また「昆ふ虫の災、高つ神の災、高つ鳥の災」は災害、「畜仆し、蠱物する罪」は詛いの呪術で、やはり犯罪ではない。

折口信夫は、ツミはツツシム＝慎むと関係する語で、神の意志に反したり、禁忌を犯した場合に起こる災害に対して忌み隠る状態だという（『道徳の発生』）。語源が正しいかどうかは別にして、この見解

にしたがっていいと思う。

この大祓は、五つの性に関する禁忌をあげている。「母と子と犯せる罪」と「子と母と犯せる罪」は対の表現とみなせば、「おのが母犯せる罪」と「おのが子犯せる罪」も対となり、結局母子姦、母娘の両者に通じること、獣姦の三つとなる。そうではなく、息子が母を犯す罪と父親が娘を犯す罪と考えることもできる。しかし、父が出ていないのはなぜか、など疑問を含め、むしろ、性に関する禁忌が重要であること、そして曖昧であることを汲み上げるべきなのではないか。

呪いの呪術は、みつかれば犯罪として罰せられる。『律令』の「賊盗律」に、「凡そ憎悪するところありて、厭魅を造り、および符書呪詛を造りて、もちて人を殺さむとせらむは、各謀殺をもちて論じて二等を減ぜよ」とある。「厭魅」は「図形・人形などを用いて人を害するまじないの法」、「符書」は「道教の呪文などを記した書きつけ」という（日本思想大系『律令』頭注）。しかし、ほとんど表面化しないはずだ。なぜなら、こういう呪術は人に知られれば効力が薄められるからだ。したがって、呪いの呪術は、むしろその表面化しないものを祓っていると考えられる。祓う以外、罪を消す方法がないのである。とすると、潜在している呪いを認めていることになる。

近親相姦も獣姦も同じで、あまり表面化しないはずだ。近親相姦の実例を告白として生々しく伝えてくれる貴重な文献として、高橋睦郎編『禁じられた性』（潮出版、一九七四年）という書物がある。「禁じられた」とは、法的に禁止されてはいるが、禁忌自体は当事者の心理的なレベルにすぎないのだ。それを、一見科学的な、近親婚は悪い遺伝子が産まれる子に出る確立が高いという説明が通行している。

社会的に禁忌であり、あまり表面化しないが、確かに潜在している。性の禁忌はそういう問題としてあった。

## 2 親愛の情から家族へ

サルは幼い頃からのグルーミングによる親愛の情、山極『家族の起源』によれば保護関係が、ヒトでいえば近親婚を避ける関係を生みだしていた。つまり、幼い頃からの親愛の情が性的な関係を避けさせ、避ける関係が家族だということになる。しかし、サルは家族という意識をもっているとはいえないだろう。これをヒトの場合に応用してみる。幼い頃から愛情を注がれ育てられた上の世代との関係、幼い頃から同じように愛情を注がれ育てられた同じ世代の関係が、性的な関係を疎外し、そこに家族が成立することになる。たぶん、ヒトの場合、家族が意識され、近親婚が禁忌として意識された。とすると、男女の一対が性行為をすることによって子を生産し、家族が成立するのではない。この考え方は血の繋がりを絶対化している。親愛の情が性を疎外し、家族が成立するので、血の繋がりは後から意識された幻想なのである。

ヒトの社会は家族を意識することから始まる。そして、ある社会では、自分たちの繋がりを確かなものにするために、家族の像を兄妹始祖神話として始源に幻想した。われわれはその幻想に惑わされているのだ。

このように考えてくれれば、近親婚の禁忌は、従来考えられてきた遺伝子の問題ではなくなる。古代の人々が経験によって見出し、役立てている知識が現代の科学からも正しいというように、誉める言い方がある。この言い方は、自分たちのほうがすぐれていると思いこんでいるゆえのもので、きわめて傲慢だ。文化に高低はない。家族が親愛の情を意識化することで成立したとするなら、家族の成立によって、近親婚の犯しが生じたことになる。つまり、近親相姦は自然過程としてあるのではなく、近親婚の禁忌が逆に性的な欲望を生じさせるのだ。

これが感情のややこしいところだろう。性的な関係を禁忌にすることで、逆に近親を性的な対象としても意識したのである。かつて考えていた、男女の対立と協調と、対立の止揚による、協調の倍加が兄妹関係だという考えを変更する気はないが、自然過程として近親婚を避けることがあり、ヒトはそれを禁忌として意識することで、逆にその犯しが生じたということは、対立と協調の感情的な面の複雑化がヒトの特徴ということになる。大げさな言い方になるが、言語を複雑にもち、感情を記憶し心が複雑になることにより、心の闇を抱えたのである。

もう一つの言い方ができる。禁忌は社会的なものである。近親婚を禁忌とすることが家族を成り立たせるのだが、家族は社会がなければ成り立たない。誰もが誰とでも性交する社会などどこにもない。家族が大きくなって社会をなしたのではなく、社会があって家族が成立した。近親婚の禁忌も社会的なものなのである。したがって、近親相姦は社会的な禁忌と個人の欲望の軋轢と考えることもできる。

この個人の欲望と言語の複雑化が近親相姦をもたらした。

感情や思考の持続は、個人の個別的な面を記憶させ、沈殿させる。社会はそういう負を抱え込んで成り立つ。それは、法によって治められるものではない。恨みの感情もそうだ。大祓はそういう個人の社会と個人との関係における表面化しない深部の闇を、祓えという呪術で消そうとしたのだ。

## 3 個人の欲望と禁忌

性における個人の欲望といった場合、フロイトを思い出してしまう。フロイトは、人間の心を科学的に分析する方法を思考していって、結局、幼児の性的な目覚めに人間の普遍性を見出したといっていい。当然、この思想は自己意識を中心にしている。私が考えてきた個人はそのような自己意識からみるものとは違う。個人は社会をなす人間の個別的な面をいっているにすぎない。いうならば、個人個人はみな違うし、この世の事象はすべて個別的だというくらいのものだ。あらゆる社会はその個別的なものを超える普遍性を考え、個別的なものを社会に治める観念をもっている。東洋の社会では、親から子へ、子から孫へという繋がりが、たとえば祖父の名を孫が受け継ぐ、あたかも孫が祖父の生まれ代わりであるかのように観念するが、かといって、孫の身体も性格も祖父とまったく同じであるわけはなく、変化を認めている。むしろ、変化を認めることが同じ名を与えることで同じにみなすという制度を作り出しているのだ。

個人を個別的なことのあらわれとしてみなす考え方が、古代の日本の普通のものであったと考えるのがいいと思う。個人は個別的なできごとをもたらすこの世の存在なのである。言い換えれば、心は自分の意志を超えて動いてしまう場合があるということを、よくわきまえていた。

この感じ方は、自分を決定しているものは、自己ではなく、前世であるという仏教の思想とよくなじんだ。『日本霊異記』中巻四十一話に獣姦と呼べる話がある。


淳仁天皇の時代、河内国更荒郡馬甘里の女が桑に登って葉を採っていたところ、蛇が登っていった。女は驚いて落ちたが、蛇も落ち、女を犯した。女は家に運ばれ、治療を受け、蛇の子をたくさん流産した。女は夢のようだったといった。

三年後、女はまた蛇と通じ、死んだ。女は蛇への「愛心」が深く、来世で蛇の妻になろうといった。


というものだが、この話の後に、編者の景戒は、魂は業の因縁に従うものだとまとめ、愛欲は一様ではないとして、

女が自分の子を深く愛し、その子のマラを口で吸った。三年後に、母は、隣の家の娘に産まれ、

子の妻となろうといって死に、その通りになった。

という話を仏典からの引用として載せている。

景戒にとって、この話は現在の生は前世の因縁によるということを語るのが趣旨ということになるが、そういう意図を超えて、この話は愛欲の不気味さを語っている。蛇に犯された女が蛇への想いを忘れられず、来世で蛇になり夫婦になろうというのだから凄まじい。この話は現世で身や心を律せよという教訓的なものなのだが、この論理は当然、現世の自分も前世に規定されていることを思わせ、現在感じる愛欲も前世の因縁かもしれないという想いをもたらす。愛欲の話ではないが、『日本霊異記』中巻三〇話は、現在の母子が前世における貸借関係にある者同士であり、債権者が債務者の子に生まれて、債務を取り立てているという話であり、現世の自己が自分を超える過去に決定されていることを語る。(8)

しかし、子を愛しフェラチオをする母が隣の家の娘として生まれかわり、子と夫婦になったとするなら、その人にとって悪いはずではないのではないか。とすれば、蛇の妻になるのもそれほど悪いことではないかもしれない。この世の存在として蛇と人とは大差ない。仏教的な、輪廻転生の考え方からいえば、この世から解脱することが理想だから、畜生道と人間道というランクはあっても、ありうる考え方だろう。

ただし、『古事記』や『日本書紀』には、蛇神と婚して子をもうけ、その子が始祖になる三輪山神婚神話があり、蛇との結婚幻想は必ずしも否定されるものではない。天皇の始祖にもあたるイザナギ・イザナミも兄妹で、日本の神話には獣姦と近親姦の両方がある。大祓に獣姦と近親姦が並べられているのも、関係しているに違いない。もちろん、大祓では禁忌としてあげられているのだが、異母兄妹婚が理想的なように、全面的な否定ではないのである。

その全面否定ではないことが、心の闇を認めているということではないか。

## 4　社会の曖昧性と近親婚

『日本書紀』仁賢天皇五年秋条に、近親婚の入り組んだ例がある。

日鷹吉士が高麗に技術者を求めに遣わされた後、「母にも兄、吾にも兄、弱草《わかくさ》の吾夫《わがつま》はや（母にもセ、私にもセ、若草のいとしい夫よ）」といいながら、ひどく嘆いている女がいた。その泣き声は人々の腸を断つものだった。和泉国大島郡菱城邑《ひしきむら》の人鹿父《かかそ》がどうしたのかと訊くと、「秋の葱が二重衣に包まれていることを思ってください（二重の悲しみ）」と答えた。一緒にいた者は分からずに尋ねると、「難波玉作部鯽魚女《ふなめ》、韓白水郎嘆《からまのはたけ》に嫁ぎ、哭女《なきめ》を生み、哭女は住道《すむち》の人山杵《やまき》に嫁ぎ、飽田女《あくため》を生んだ。山杵は以前鯽魚女を犯して麁寸《あらき》を生み、麁寸は飽田女を娶っている。そして、麁寸は日鷹《ひたか》吉士《きし》に従って高麗に向かった。それで、飽田女は嘆いているのだ」と説明した。

という記事である。麁寸は母哭女には兄、自分（飽田女）には夫ということで、セが本来兄をさすが、理想的な恋人、夫を兄と呼んだので、こういう言い方をしたことになる。関係を図にすると、次のようになる。

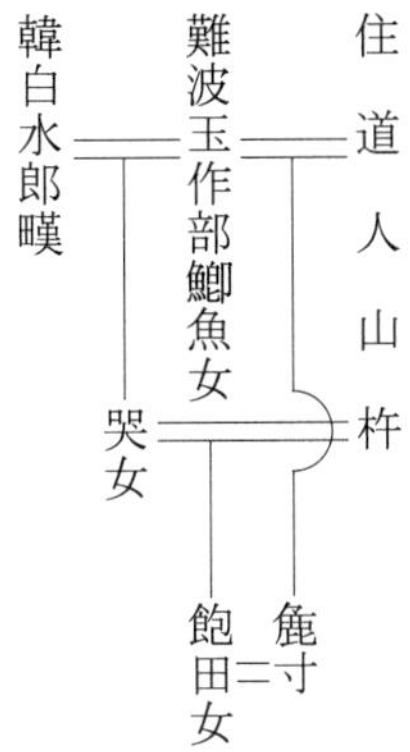


飽田女と麁寸は父が同じ山杵で母が異なるから、理想婚である異母兄妹になる。しかし、飽田女の母哭女も夫の麁寸の母も鯽魚女だから、母の血筋からみれば叔父姪婚になる。異母兄妹婚を理想とするのは、母が異なることにおいて、育つ場が異なり、家族としての親近感が薄いからだと考えていい。父方ではなく、母方で家族が形成されている社会だということである。ただ、系譜は父方で辿る場合が多いから、必ずしも母系社会だとはいえない。

母から辿る場合、飽田女と麁寸の結婚はそうとう濃く、異母兄妹婚と矛盾しているようにみえる。禁忌である可能性があるということである。神話の結婚としては、ホヲリ（山幸彦）と豊玉姫の子鵜葺草不葺が母の姉妹である玉依姫と結婚する例、つまり伯母甥婚の例があり、ヤマトタケルが父の姉妹である叔母を霊的な守護者としているから、叔母甥、伯母甥関係は同母兄妹と異母兄妹の関係と同じ禁忌で霊的守護者、理想的な結婚相手となるとはいえる。しかし、兄妹関係とは異なり、父の血筋から禁忌があることになる。

このような例から考えられるのは、近親婚の禁忌が血筋の問題として明確ではないということである。日本の社会は母系制と決められるわけではなく、どちらをも辿る双系だということと関係しているに違いない。

この曖昧さは、むしろ受け入れたいと思う。社会の形はたまたまあらわれたものにすぎない。人間の心は禁忌を作り出した途端、犯しを幻想するように、秩序を求めつつ異和を抱くものだ。繰り返し述べているように、そういう心理をむしろ認めている。

折口信夫が、罪は気づかずに神の秩序を犯したこと、他人が犯した罪に対する罰を受けるツツシム状態をいうという説が思い合わせられる。大祓の「国つ罪」に近親婚と災害が並べられてあげられているのも、近親婚が神への犯しと関わることを示す。実際、軽太子と軽大郎女の同母兄妹が通じているのが表面化したのは、夏六月に御膳の熱い汁物が凍るという異常があり、占った結果だった。『日本書紀』によれば、二人が通じたのは允恭天皇二十二年春三月、発覚が二十三年夏六月だから、一年以上続いていた事になる。熱い汁物が凍るという異常がなければ、この罪は表面化しなかったのである。大祓が必要だったことがよくわかる。

## 5 禁忌と聖性

日本には近親姦を主題にした作品が少ない。野口武彦は、日本には「もともとエディポス的葛藤というような野暮なものはなかった」[9]のではないかという。表面に出ない獣姦や近親姦を起こりうることとして認め、祓う対象にしたのは、個人の葛藤としての表現の対象にならなかったことを示すだろう。その数少ない近親姦の例として、野口も引く話が『宝物集』巻五にある。

明達律師は知らで母を犯し、順源法師は知りながら娘を嫁ぐといふは、明達、下野の国の人なり。幼少にして天台山に登り、やうやう学文して、人となりけるままに、生国へ下りて母をみむと思ひて下るほどに、母又天台山に登りし子の恋しかりければみむと思ひて登りけるほどに、旅宿に行き会ひて、母とも知らで犯したるなり。

順源法師は流転生死の往因を観じて、「いづれの人か我父母ならぬはある」とて、娘を妻とするなり。遂に往生の素懐をとげたる人なり。

順源法師の話は仏教的な観念が先に立ったもので、この世の親子という関係を意識的に否定するためのものである。この世は親子でも前世ではどうだったかわからないという観念が、この世の関係を薄いものにしている。

明達律師の話は偶然母子姦を犯してしまった例である。知らないまま二人が通じてしまう場面が語られていないのでわからないが、僧が見知らぬ生きずりの女と通じてしまうのも、母への想いが深いのも、ともに仏教的な観念からはおかしい。順源法師は極楽往生を遂げたとあるが、明達律師はそう記されていない。引用した部分は五戒のうちの不邪淫について述べているなかにあり、明達はその例だと思われる。同じ僧でも、仏教的な因果の観念に従った順源は近親姦を犯しても往生したということだと思われる。むしろ、親子関係の否定のための行為だったのである。

それにしても、やはり、おかしい。妻帯してもいいという宗派の問題はあるだろうが、親子の関係を否定するのには別の方法があるはずだ。これは倒錯した論理である。父娘姦が重要な禁忌だとすれば、順達はそこをこそ壊そうとしている。そういう意味もあったろう。この世の重要な観念を壊すことで別の世界を示す、それが聖人という者ではないか。

父娘関係ではないが、双子の兄妹の伝承がある。

昔二人の兄妹（双生児）がいて、兄は旅に出ていったが、妹は女郎となって働いていた。幾年かの月日が過ぎたある日、兄の方が女郎を買いに行き、非常に美しく、気心の良い女郎を見染めてからは、毎日通う様になり、兄と女郎は互に愛し合う様になった。結婚の約束まで交わしてしまった後になってから、身の上話の成りゆきで二人が双子兄妹であった事を知り、中沢上の淵に身を投じて死んでしまった。この二人の霊を祀ったのがサイの神であるといわれているが、この地方で、若し双生児が生まれると、サイの神の生まれかわりと称して、サイの神ほど恋しがるものだから、二人を別別に育てて、後に夫婦にしてやるものだという。(10)

まずは、禁忌を犯すことによって神になるという論理がみられる。この兄妹は神になろうとして禁忌を犯したわけではないが、この世の論理を壊したことが結果的に聖性の獲得になっている。順達が意識的に犯すのは、仏教という個人に依拠した都市的な宗教だからだ。

しかし、この世で兄妹姦を犯した結果神になるというのは、兄妹姦が望まれることでもあるからではないか。だから、異母兄妹婚は理想とされた。この世の禁忌は一方で理想でもあるのだ。この伝承の最後の、双生児を別々に育て後に夫婦にするという習俗的な伝えがその憧れを語っているだろう。このあまりに堂々とした伝えは、兄妹婚を絶対的な禁忌にしていないことを示すのだろう。

『宝物集』の話は文学的な表現をとっていない、生の伝承といったものだが、同じ構造の物語が平安後期の『篁物語』にみられる。異母兄妹が通じる珍しい物語である。

小野篁は、後は後宮に入れようとたいせつに育てられている異母妹の家庭教師を頼まれる。篁は妹に簾越しに角筆（漢文体の文章に読み方を記すために、紙を押しつけて溝をつける筆）で恋文を贈る。妹も心を動かし二人は通じる。両親が知って、妹を閉じこめるが、妹は恋い死にしてしまう。両親は恐れて家を出る。篁が駆けつけ、死体とともに一年暮らす。

という内容である。後に、篁は地獄の閻魔の臣であるという伝えが起こるが、たぶんこの話と関係する。禁忌を犯すことが聖性を獲得するという構造だ。

この物語は異母兄妹であって、同母兄妹ではない。そのあたりに、異母兄妹との婚姻も禁忌になっているという神話的なものとの違いをみていいかもしれない。

しかし、そういうことより、物語が近親姦をどう語るかにこだわりたい。篁は一年間死体とともに暮らす。それが死者への想いの深さだとしても、日本の風土では死体は腐乱し、醜く、しかも異臭を発するようになるだろう。そういう死体と暮らすなど、異常だ。たぶん、この異常さは兄妹姦の異常さと対応する。角筆で漢文の脇に歌を書くというような行為も異常だ。つまり、『篁物語』はまったく異常の世界をえがいている。兄妹婚という理想の関係がこの世の普通の論理では成り立たないということである。

## 6 禁忌の犯しと許容

先に、禁忌の成立によって犯しが生じ、心の闇に出会うことになるというようなことを述べたが、日本の文献には、近親姦にしろ獣姦にしろ、心の葛藤そのものの表現としては弱い。むしろ、ありうることとして、負の側にだが、受け入れているように思える。これは、儒教とは対立するが、仏教を生みだし、受け入れた東アジアの特徴の一つかもしれない。

獣姦についても、蛇神と通じ子をもうける三輪山型神婚神話がある。先に引いた『日本霊異記』の蛇に犯されながら「愛心」を抱く話も、蛇神の位置の下落とみる説もあるが、後まで蛇の子の伝承はあり、蛇神信仰は続く。「愛心」を抱き、来世で蛇の妻になるというところには、むしろ蛇神信仰をみるべきだろう。仏教では蛇をこの世に執着を強くもつ者が生まれかわってなるという考えがあるが、蛇神信仰も仏教信仰も、蛇と人間を断絶したものとしてはみていなかったのである。

しかし、違いはある。『日本霊異記』は蛇と通じた話の後に仏典からとして、母が子のマラを吸うという話を引く。このような具体性を、日本の文学はもたない。しかし、おもしろいことには、漢文体の私日記である藤原頼長『台記』には男色が具体的に記されている。[11] 漢文体だと書けるが、かな文体だと書けないということになる。かな文体は漢文体の文学に対して新たに作られた文体で、和文学の文体である。万葉集の後期に基礎が試みられ、十世紀に確立した。[12] したがって、きわめて理念的な文体で、かな文学は具体的な描写を避ける傾向にある。その意味でも、和文学はリアリズムの文学ではない。この傾向は、繰り返し述べている、現実世界をそのまま許容し、心の葛藤を、輪廻からの解脱や心の迷いからの覚醒に重点を置くことを中心に考えた文化ということと一致する。要するに、近親姦は起こりうることとして許容してしまう文化なのだ。

結局、近親婚の禁忌の起源がサルにあっても、その観念を制度とすることで人間社会は成立する。そして、禁忌をもつことで、逆を幻想してしまうのが人間の社会だということになる。サルが近親婚を避けるのは、幼児時代からの親愛の情という感情のゆえと捉えられるなら、制度化されることは、制度に反する感情を呼び覚ますということだろう。人間の感情の複雑さは、いったん感情を捉え返すことが行われた途端、あらゆる感情が考えられてしまうところにあるのではないか。今のところ、そういうことしかわからない。

注

（1） 品川滋子「イモ・セの用語からみた家族・婚姻制度」『文学』岩波書店、一九五九年七月。布村一夫「セ・ト・ネ・モ」『文学』岩波書店、一九六〇年一一月。

（2） 西郷信綱『展望』筑摩書房、一九七〇年七月。

（3）益田勝実「読み、潜在への旅」『エピステーメー』朝日出版社、一九七五年一〇月。
（4）保坂達雄、シリーズ古代の文学3『文学の誕生』武蔵野書院、一九七七年。
（5）レヴィ＝ストロース、馬渕東一・田島節夫監訳『親族の基本構造』番町書房、一九七七、八年。
（6）古橋信孝、シリーズ古代の文学5『伝承と変容』武蔵野書院、一九八〇年。後に『神話・物語の文芸史』（ぺりかん社、一九九二年）に所収。
（7）山極氏は『家族の起源――父性の登場』（東京大学出版会、一九九四年）を書いている。この書物は七〇年代にまだ出ていなかったので、その頃の関心が移っており、出版されてすぐを読んでいるが、親愛の情のことは見逃していた。ただし、同書において、山極は親しさより、「母親と子どものあいだにみられるような保護し保護されるような関係の認知」が近親間の交尾回避をもたらすと考えている。
同書は、改めて読み返してみて、教えられるところが多かった。山極は類人猿内部における関係のあり方の差異を序列化し、人類の家族の祖型としてモデル化している。私はそういう論を組み込むことはできなかったが、ともすると、説得されそうになった。説得されてもかまわないのだが、たぶん、私のなかにまだヒトとサルを区別するものが大きくあるのだと思う。サルはいくら歳月を積み上げてもヒトにはならないということだと思う。やはり、人間とは何か、観念とは何かの問から逃れられないといってもいいのかもしれない。
（8）古橋信孝『和文学の成立』若草書房、一九九九年。
（9）野口武彦「近親相姦と文学的想像力」『現代思想』第六巻六号、一九七八年五月、青土社。
（10）大島建彦「道祖神の信仰と説話」秋山虔編『中世文学の研究』東京大学出版会、一九七二年。
（11）『台記』仁平二年（一一五二）八月二十四日条に「亥の刻ばかり、讃の丸来る。気味甚だ切なり。遂に倶に精を漏らす。希有の事なり。この人、常にこの事あり。感歎尤も深し」というような記事がある。具体的といってもこの程度のものだが、生々しさがある。かな文学ではここまでも書かない。

なお、五味文彦によれば、この「讃の丸」は、やはり男色の関係があり、「讃」と記される藤原隆季の子の成親のことという（「院政期政治史断章」『院政期社会の研究』山川出版社、一九八四年）。頼長は保元の乱の一方の中心人物であり、また、この成親は平治の乱に関わる人物である。五味は、このような男色関係が保元、平治の乱にも影響しているほどで、院政期の政治史に深く関係していたことを指摘している。

また、服藤早苗によれば、一一世紀から「性交の不浄観」が生まれるが、それが男色をもたらし、男女の性交は男色より不浄と考えられるようになったという（『平安朝の男と女』中公新書、一九九五年）。
(12) 古橋信孝『物語文学の誕生』角川書店、二〇〇〇年。

＊アイルランド現代詩と『源氏物語』――〝むすめを姦す父〟とその息子の復讐

# 自瀆と自殺のあいだ

――近親相姦序説――

高橋睦郎

1

アイルランドはヨーロッパの西の外れにある。西欧世界の辺境といっても、差別というには当たるまい。

そのアイルランドのさらに北部の辺境、ドニゴールでゲール語で書きつづけている詩人、カハル・オー・シャーキーの最近作に「ゴート・ナ・グナーグ」（訳者の栩木伸明さんは「骨ヶ原」というおどろおどろしい日本語を当てている。『現代詩手帖』二〇〇一年一〇月号・特集「いま、アイルランド詩は」所収。）という、きわめて衝撃的な作品がある。

かなり長い作品なので（ⅠからⅦまで。各パートは一三行）、ⅢとⅣのみを栩木訳で引用する。

Ⅲ

みんなあいつが悪い。わたしと夜の安眠の隙間に、
わたしと、そう、神様の愛との隙間に割り込んで
きたのですから。十三歳の春のはじめ、母が死んで
六週間後にわたしとわたしの家と家族をすべて

踏みにじったのです。（やさしい母さん、かわいそう。
あんな運命に耐えられるほど強くなかった。「この
役立たずのアマ、性根を入れ替えてやる」って、
いつも追い回されて殴られてたね。おかげですっかり
母さんこわれちゃって独り言いいながら震えてたよね。
結核にとどめを刺されて四十代の終わりで逝っちゃった
から、一人っ子のわたしと父さんが残されたんだ。）
「父さん、どうかしたの？」　闇のなか　素っ裸の父が
まどろんでいたわたしの青いねまきを引き破ったのです。

Ⅳ

そして馬乗りになって　唇で吸われて舐め回されて
搾り取られてぺちゃんこにされ、胸毛が口に入ってきて、
下のほうではおなかのなかに突いてくるものがあって、
ずたずたにされました。ベッドに置きざられたわたしは
凍りついたまま、お通夜の蠟燭みたいに瞬いている星を
見上げました。夜だけでなくまっ昼間にも我が物顔で

ズボンの前をふくらませてやってくると、
袋のようにわたしをつかんで納屋や牛小屋や
石塀のかげのワラビの茂みに寝かしたのです。この
骨ヶ原でもわたしの子宮の土に種が蒔かれました。
十七のとき、わたしは身籠もってしまいました。
恥ずかしさに黙るほかなく　近所のひとには
母に似て太ってきたのだとおもわせておきました。

彼女は収穫期の終わりに息子を産む。その子の息の根を指一本で止め、塀と溝のあいだに掘った穴に投げ込む。彼女はどこかへ逃げようと考えないわけではなかったが、極端な貧しさからどこへどう逃げようもない。しかし、黒い柄のナイフを肌身離さず構えて父親を近寄らせず、口もきかない。その状態での畑仕事の毎日がいつまでも続いていく。

いうまでもなく作品の主題は近親相姦、父が女《むすめ》を姦《おか》すというかたちでの近親相姦だ。その結果、女は胎《みごも》り、産まれた小さな生命の息の根を自らの手で止め、自ら掘った穴に投げ込む。しかし、もし女が小さな生命を殺すことなく育てたらどうなっていたか。小さな生命は育って若者になり、母親のために母親を辱めた父親でもあれば祖父でもある敵を殺す可能性もないとはいえないのではないだろうか。

# 2

これはとっぴな推理だろうか。じつはアイルランドのちょうど裏側、東洋世界の辺境にあるわが国の最も著名な物語は、シャーキーの描いた「骨ヶ原」の殺された生命が殺されなかった場合の後日譚とも読める、と私は思う。その物語とはほかでもない、『源氏物語』のことだ。二十世紀の終わりにアイルランドの詩人によって書かれた「物語」の可能性としての後日譚がほぼ千年前、十一世紀の初めに日本で書かれたと考えることは、なかなかにスリリングではないだろうか。

『源氏物語』の登場人物の生きている世界は近親相姦的世界だ。出てくるのは王氏（天皇氏）と他氏（＝藤原氏）の二つの家だけで、しかも男女ともに血縁的にかなり近い関係にある。この近い関係を擬制的に遠くする装置として、築地、透垣、簾、障子、衝立、屏風、几帳……などの具体的な隔てが置かれた。同時に心理的な築地以下の隔てが置かれたのだ。

しかし、それにもかかわらず、『源氏物語』の男女の世界は近親相姦的であることを免れない。たとえば主人公光源氏《ひかるげんじ》の両親、桐壺帝《きりつぼのみかど》と桐壺更衣《きりつぼのこうい》の関係も比喩的には父女相姦といえる。後世の読者は無意識的にもせよそれを知っていたから、原文では無名の帝と更衣に同じ桐壺の名を与えたのだろう。この比喩的な父は比喩的な女《むすめ》を姦し、その結果子を生《な》す。その子は殺されず、代わりにその子の母、つまり父の女が殺される。殺しの元兇は父の愛だが、この愛は「骨ケ原」における父の暴力に等しい。この愛という暴力によって母を殺された子は成長し、母を殺した敵としての父に復讐し、ついには殺す。その復讐物語を上古の美しい言葉で包んで雅びに書き上げたのが『源氏物語』である、ともいえよう。

光源氏の復讐はあくまでも雅びでむごたらしい。彼は父によって殺された母そのひとと通じる。殺された母は二つに分裂してこの世にとどまっている。慕わしい母とおぞましい母。一人は藤壺女御《ふじつぼのにょうご》の ち中宮であり、一人は六条御息所《ろくじょうのみやすんどころ》である。藤壺と御息所が同一人物の分裂である証拠は、光源氏を挟んでのライヴァルである女性を生前はもとより死後にまで取り殺す御息所が、最大のライヴァルであるはずの藤壺には手出しはおろか、何の感情表出すらしていないことだ。

光源氏はこの世にとどまる母を姦し、あまつさえ孕ませる。息子にとって母を殺した父に復讐する最も効果的な方法は殺された母と通じること、通じた結果としての子を生し、それを父の子として父に押しつけることではないか。以後、父は息子の母子相姦の結果を見ることに、自らの父子相姦の結果にくりかえし直面させられることになるからだ。父はおそらくはその子が自分の子ではなく息子の子であることに気づくがそれを言わず、息子の代わりにその子を自分の後嗣に立て、やがて死ぬ。息子の優雅で残酷な復讐はゆっくりと成就されたことになる。

しかし、父が母を殺したことで息子に復讐されるという構図から、光源氏も自由ではない。光源氏も妻葵上《あおいのうえ》を殺す。この場面は愛ではなく、愛さないことによって。その復讐をするのは妻の甥という名の息子柏木《かしわぎ》。彼は光源氏ののちの正妻女三宮《おんなさんのみや》と通じ、子を生す。光源氏はその子を柏木の子と知りつつ自分の子とし、柏木を死に追いやる。しかし、この事件を契機にさしもの光源氏も老いを自覚することになったとすれば、彼の緩慢な死はこの時始まったのであり、柏木の息子としての父への復讐は自らの死を賭けて成就したことになる。

# 3

アイルランドで聞いた話の一つに忘れられられないものがある。陸から見える位置にあるが荒波に隔てられて行き来もままならない、いまは無人の小さな島に、かつては数十軒の貧しい家が櫛比し、二百人ほどの住人が暮らしていた。その中の一軒で実の兄と妹が理ない関係になった。狭い土地におたがい顔のほくろのありかまで知りあった人人のあいだでのこと、隠すより現われるの喩えのとおり周囲すべての知るところとなり、二人は夜陰にまぎれて小舟で陸に渡った。

しばらくはそのあたりに住んだが、遠からず奇異の目で見られるようになり、ダブリンに移った。しかし、そこでもいつか人の噂になり、ニューヨークに渡って新たにそれぞれ他人として戸籍をつくり、正式に結婚した。二人のあいだには子供たちが生まれ、子供たちにはさらに子供たちが生まれ……いまではかつての故郷の島の人口を超えて一族は増えつづけている、という。

聞いていて、まさに現代の神話ではないか、と思った。世界各民族の神話で創世の二神あるいは人祖が兄妹である例は多い。そこから人類が拡がったとされる最初の男女は近親相姦だったことになるが、それを誰も非難しないのはそこから子孫が拡がって近親の匂いが薄まったからだろう。しかし、そのことに極端に敏感な民族もいる。韓民族がその例で、同姓娶らずの原則を今日まで貫いている。中国と異なり姓の少ない韓国では同姓を避けることはかなり困難だが、それでも何とか貫き通している、という。

しかし、私の考えを言えば、他姓といえども何百年、何千年を溯れば同姓かもしれない。溯れば溯るほど、姓などなく同質だった可能性は高い。これを避けるには他民族、さらには他人種と交わるべきだが、他人種たとえば白色人種、黄色人種、黒色人種といえども、その差異はいわば皮膚表面上の差異に過ぎず、元はアフリカの一人のミトコンドリア・イヴから出ている、と最近の遺伝学者は言っている。先のアイルランドの小島から出た兄妹はいわば人類の出アフリカを繰返したわけだ。

近親相姦を突き詰めて行けば、人間どうしはつまるところ近親であり、厳密に近親相姦を避けようとすれば、人間どうし交わってはならないことになる。では、サルと交わるか。しかし、ヒトとサルも親類である。では、サル以外の哺乳類と？　しかし、哺乳類どうしもまた親類だ。こう拡げていくと、近親相姦を怖れる限り、どんな他の生命とも交われない。では、自分自身と交わるか。だが、近親相姦が同質性を姦すことへの恐怖であるとしたら、自瀆は近親相姦の窮極点である。すると、残されているのは自殺だけということになる。

カハル・オー・シャーキーの「骨ヶ原」は一軒の家の中の相姦の物語、『源氏物語』は二軒の隣り合った家の相姦の物語である。二軒というが血の上では近く、その近さを遠さに擬装するために、物理的・心理的な隔てを置いた。隔てはまた迷路構造と言い換えることも可能だろう。シャーキーの「骨ヶ原」にはこの隔てないし迷宮構造がないまでのことだ。

同質性を姦すことを怖れた時、一軒は二軒に分かれた。『源氏物語』の世界は神神の世界と人間の世界の分岐点にあるごとくだが、『源氏物語』を産んだ平安貴族社会は、基本的に天皇氏と藤原氏から成っていた。しかし、平安貴族社会に限らず、すべての社会は自家と他家とから成っていて、それぞれに住むのは人間という同族である。

結局のところ、現代アイルランドのカハル・オー・シャーキー「骨ヶ原」の子殺しも、千年前日本の『源氏物語』の父親殺しも、人間という自意識を持ってしまった動物の、自瀆と自殺のあいだの振り子運動のヴァリエーションにすぎない、ということになろうか。もし近い将来、自意識を爆発させた人類が他のすべての生命を巻き添えに滅びるとしたら、その予告も「骨ヶ原」と『源氏物語』に、いや、これまで人間の自意識が紡ぎ出したすべての神話・物語・詩にあらかじめなされている、ということになろう。

# 主要参照ブックリスト（日本語）

## ■川田順造


川田順造「昔話における人間と動物」川田『西の風・南の風』河出書房新社（一九九二）
川田順造「肖像と固有名詞——歴史表象としての図像と言語における意味機能と指示機能」『アジア・アフリカ言語文化研究』四八・四九合併号、東京外国語大学アジア・アフリカ言語文化研究所（一九九五）〔同『人類学的認識論のために』岩波書店近刊所収〕
川田順造「言語表象における動物の寓意」国立歴史民俗博物館（編）『動物と人間の文化誌』吉川弘文館（一九九七）
川田順造「人間中心主義のゆくえ」川田他（編）『反開発の思想』「岩波講座 開発と文化」第三巻（一九九七）
桜井万里子『古代ギリシアの女たち——アテナイの現実と夢』中公新書（一九九二）
高橋睦郎（監修）『禁じられた性』潮出版社（一九八四）
西田利貞・川田順造「対談エッセイ・新しい人間の風景（中）——サル社会・ヒト社会、霊長類の多様性と普遍性」『エコノミスト』六一巻三五号、毎日新聞社（一九八三）
西田利貞『人間性はどこから来たか——サル学からのアプローチ』京都大学学術出版会（一九九九）
C・レヴィ＝ストロース「狂牛病の教訓——人類が抱える肉食という病理」『中央公論』四月号（二〇〇一）

# bibliography

## ■山極寿一


伊谷純一郎「霊長類の社会構造」『生態学講座』20、共立出版（一九七二）
伊谷純一郎『霊長類社会の進化』平凡社（一九八七）
今西錦司「人間家族の起源――プライマトロジーの立場から」『民族学研究』25（一九六一）
大澤真幸「〈社会性〉の起源・序」『理論と方法』15（二〇〇〇）
小田亮「不毛の性」須藤健一・杉島敬志編『性の民族誌』人文書院（一九九三）
加納隆至『最後の類人猿――ピグミーチンパンジーの行動と生態』どうぶつ社（一九八六）
高畑由起夫「親しさと性行動の拮抗関係――ニホンザルの親和的なオス‐メス関係について」『季刊人類学』11（一九八〇）
徳田喜三郎「動物園のサル」『日本動物記』3、今西錦司編、光文社（一九五五）
西田利貞『人間性はどこから来たか――サル学からのアプローチ』京都大学学術出版会（一九九九）
L・H・モーガン『古代社会』角川文庫（一九五四）
C・レヴィ＝ストロース『親族の基本構造』（上下）番町書房（一九七七～八）
山極寿一『家族の起源――父性の登場』東京大学出版会（一九九四）


## ■出口　顯


大塚和夫「身内がヨメにくると――アラブ社会の父方平行イトコ婚をめぐって」田中・大口・奥山編『縁組と女性――家と家のはざまで』早稲田大学出版部（一九九四）
小田亮『構造主義のパラドクス――野生の形而上学』勁草書房（一九八九）

小田亮『レヴィ＝ストロース入門』ちくま新書（二〇〇〇）
柄谷行人『探究Ⅰ』『探究Ⅱ』講談社（一九八六～九）
小馬徹「アフリカの人々と名付け36」『月刊アフリカ』一二月号（一九九七）
桜井万里子『古代ギリシアの女たち――アテナイの現実と夢』中公新書（一九九二）
出口顯「誤解されるレヴィ＝ストロース――適正な距離、力強い空虚、他者」『講座現代思想　五　構造論革命』岩波書店（一九九三）
出口顯『名前のアルケオロジー』紀伊國屋書店（一九九五）
出口顯『臓器は商品か？　移植される心』講談社現代新書（二〇〇一）
西田利貞『人間性はどこから来たか――サル学からのアプローチ』京都大学学術出版会（一九九九）
E・バンヴェニスト『インド・ヨーロッパ諸制度語彙集Ⅰ経済・親族・社会』言叢社（一九八六）
船曳建夫「インセスト・タブー」山下晋司・船曳建夫『文化人類学キーワード』有斐閣（一九九七）
山内昶『タブーの謎を解く――食と性の文化学』ちくま新書（一九九六）
吉田敦彦『神話と近親相姦』青土社（一九八二）
C・レヴィ＝ストロース「神話の構造」『構造人類学』みすず書房（一九七二）
C・レヴィ＝ストロース『アスディワル武勲詩』青土社（一九七四）
C・レヴィ＝ストロース『野生の思考』みすず書房（一九七六）
C・レヴィ＝ストロース「神話と失念」「アメリカのピタゴラス」『はるかなる視線２』みすず書房（一九八八）
C・レヴィ＝ストロース『親族の基本構造』青弓社（二〇〇〇）

C・レヴィ＝ストロース「狂牛病の教訓――人類が抱える肉食という病理」『中央公論』四月号（二〇〇一）
渡辺公三『レヴィ＝ストロース　構造』講談社（一九九六）

■渡辺公三
S・フロイト「人間モーセと一神教」『フロイト著作集11』人文書院（一九八四）
S・フロイト「トーテムとタブー」『フロイト著作集3』人文書院（一九六九）
M・クリュル『フロイトとその父』思索社（一九八七）
C・レヴィ＝ストロース「言語学と人類学における構造分析」『構造人類学』みすず書房（一九七二）
C・レヴィ＝ストロース『親族の基本構造』青弓社（二〇〇〇）
L・デュモン『社会人類学の二つの理論』弘文堂（一九七六）
渡辺公三『レヴィ＝ストロース――構造』講談社（一九九六）
R・ヤコブソン『音と意味についての六章』みすず書房（一九七七）

■西田利貞
今西錦司「人間家族の起源」『民族学研究』25（一九六一）
西田利貞『チンパンジーおもしろ観察記』紀伊國屋書店（一九九四）
西田利貞『人間性はどこから来たか』京都大学学術出版会（一九九九）

■内堀基光
高畑由起夫「インセストをめぐる迷宮」須藤健一・杉島敬志編『性の民族誌』人文書院（一九九三）
S・フロイト「トーテムとタブー」『フロイト著作集3』人文書院（一九六九）
C・レヴィ＝ストロース『親族の基本構造』（上）番町書房（一九七七）、（同『親族の基本構造』青弓社（二〇〇〇））

■小馬　徹
榎本知郎『ボノボ――謎の類人猿に性と愛の進化を探る』丸善ブックス（一九九七）
小田亮『構造主義のパラドックス――野生の形而上学』勁草書房（一九八九）
黒田末寿『ピグミーチンパンジー』筑摩書房（一九八二）（同『新版・ピグミーチンパンジー』以文社（一九九九））
小馬徹『贈り物と交換の文化人類学――人間はどこから来てどこへ行くのか』御茶の水書房（二〇〇〇）
小馬徹「王のカリスマ性」安丸良夫編『宗教と権威』（講座〈天皇と王権とを考える〉第4巻）岩波書店〈近刊〉
渋澤龍彦『エロス的人間』中公文庫（一九八四）
C・レヴィ＝ストロース「家族」祖父江孝男編訳『文化人類学リーディングス』誠信書房（一九六八）
C・レヴィ＝ストロース『親族の基本構造』青弓社（二〇〇〇）
C・レヴィ＝ストロース「狂牛病の教訓」『中央公論』一四〇三号（二〇〇一）
R・ニーダム『構造と感情』三上暁子訳、弘文堂（一九七七）

bibliography

■古橋信孝
大島建彦「道祖神の信仰と説話」秋山虔編『中世文学の研究』東京大学出版会（一九七二）
西郷信綱「近親相姦と神話」『展望』七月号、筑摩書房（一九七〇）
品川滋子「イモ・セの用語からみた家族・婚姻制度」『文学』七月号、岩波書店（一九五九）
布村一夫「セ・ト・ネ・モ」『文学』一一月号、岩波書店（一九六〇）
野口武彦「近親相姦と文学的想像力」『現代思想』五月号、青土社（一九七八）
古橋信孝「兄妹の伝承」シリーズ古代の文学5『伝承と変容』武蔵野書院（一九八〇）〔後に『神話・物語の文芸史』ぺりかん社（一九九二）〕
古橋信孝『和文学の成立』若草書房（一九九九）
古橋信孝『物語文学の誕生』角川書店（二〇〇〇）
保坂達雄「神話と習俗は逆立する」シリーズ古代の文学3『文学の誕生』武蔵野書院（一九七七）
益田勝実「読み、潜在への旅」『エピステーメー』一〇月号、朝日出版社（一九七五）
C・レヴィ＝ストロース『親族の基本構造』番町書房（一九七七～八）
山極寿一『家族の起源――父性の登場』東京大学出版会（一九九四）

■高橋睦郎
カハル・オー・シャーキー「ゴート・ナ・グナーグ」（「骨ヶ原」栩木伸明訳）『現代詩手帖／特集・いま、アイルランド詩は』一〇月号、思潮社（二〇〇一）

古橋信孝（ふるはし・のぶよし）

1943年東京都生まれ。1966年東京大学文学部卒業。武蔵大学人文学部教授。主著に『古代和歌の発生』（東京大学出版会）『古代都市の文芸生活』（大修館書店）『平安京の都市生活と郊外』（吉川弘文館）『物語文学の誕生』（角川書店）『日本文学の流れ』（岩波書店）『文学はなぜ必要か』（笠間書院）等。

高橋睦郎（たかはし・むつお）

1937年北九州八幡生まれ。福岡教育大学卒業。現代詩を中心に、短歌、俳句、能、狂言、浄瑠璃など日本語のすべての詩形にわたって実作。他に小説、戯曲、評論など、活動は広く文芸全般に及ぶ。近著に詩集『恢復期』、古体詩集『倣古抄』。

出口顯（でぐち・あきら）

1957年島根県生まれ。1984年東京都立大学大学院社会科学研究科博士課程中退。博士（文学）。島根大学法文学部教授。文化人類学。主著に『名前のアルケオロジー』（紀伊國屋書店）『誕生のジェネオロジー』（世界思想社）『臓器は「商品」か』（講談社）。『レヴィ＝ストロース斜め読み』（青弓社）『神話論理の思想』（みすず書房）『国際養子たちの彷徨うアイデンティティ』（現代書館）等。

渡辺公三（わたなべ・こうぞう）

1949年東京都生まれ。1976年東京大学大学院社会学研究科修士課程修了。立命館大学副学長。2017年12月16日死去。文化人類学・人類学史。主著に『闘うレヴィ＝ストロース』（平凡社新書）『司法的同一性の誕生―市民社会における個体識別と登録』（言叢社）『アフリカンデザイン―クバ王国のアップリケと草ビロード』（共著、里文出版）、訳書にレヴィ＝ストロース『やきもち焼きの土器つくり』（みすず書房）等。

西田利貞（にしだ・としさだ）

1941年千葉県生まれ。1969年京都大学大学院理学研究科修了。京都大学名誉教授、日本モンキーセンター所長、日本霊長類学会会長。2011年6月7日死去。霊長類学。1990年ジェーン・グドール賞受賞。2008年3月日本人で初めてリーキー賞および国際霊長類学会の生涯功労賞を受賞。主著に『人間性はどこから来たか―サル学からのアプローチ』（京都大学学術出版会）『新・動物の「食」に学ぶ』（京都大学学術出版会）等。

内堀基光（うちぼり・もとみつ）

1948年東京都生まれ。オーストラリア国立大学大学院修了・Ph. D.（1979）。一橋大学・放送大学名誉教授。文化人類学。主著に『森の食べ方』（東京大学出版会）『「ひと学」への招待』（放送大学教育振興会）等

小馬徹（こんま・とおる）

1948年富山県生まれ。1980年一橋大学大学院社会学研究科博士課程単位取得退学。博士（社会人類学）。神奈川大学人間科学部教授。主著に『文化を折り返す』（青娥書房）『フィールドワーク事始め』（御茶の水書房）『「統治者なき社会」と統治』『「女性婚」を生きる』（以上、神奈川大学出版会）等。

# 編者紹介

## 川田順造（かわだ・じゅんぞう）

1934 年東京市生まれ。1965 年東京大学社会学大学院博士課程を単位取得退学。1971 年パリ第 5 大学で民族学博士。埼玉大学助教授、東京外国語大学アジア・アフリカ言語文化研究所教授、国立民族学博物館併任教授、広島市立大学教授、神奈川大学教授を経て、現在神奈川大学特別招聘教授、同大学日本常民文化研究所客員研究員。日本人類学会（進化人類学分科会、キネシオロジー分科会）、日本文化人類学会で 50 年あまり研究活動。主著『無文字社会の歴史』（岩波書店、1976 年、第 8 回渋沢敬三賞）レコードアルバム『サバンナの音の世界』（昭和 59 年度文化庁芸術祭レコード部門優秀賞、のち 1988 年白水社刊のカセットブック版は、2002 年小泉文夫音楽賞）『聲』（筑摩書房 1988、第 26 回歴程賞）『口頭伝承論』（河出書房新社、1992、第 46 回毎日出版文化賞）『日本を問い直す』（青土社）等。1991 年アカデミー・フランセーズよりフランス語圏大勲章、1994 年フランス政府より文化功労賞、2001 年紫綬褒章、2006 年第 1 回日本文化人類学会賞、2009 年文化功労者、2010 年瑞宝重光章、ブルキナファソ政府より文化功労賞を受ける。

# 執筆者紹介（掲載順）

## 青木健一（あおき・けんいち）

1948 年東京生まれ。1980 年米国ウィスコンシン大学大学院博士課程修了。東京大学大学院理学系研究科名誉教授。明治大学客員研究員。文化進化理論。主要論文に "Evolution of learning strategies in temporally and spatially variable environments : a review of theory" *Theoretical Population Biology* 91, 2014 ; "On the absence of a correlation between population size and 'toolkit size' in ethnographic hunter-gatherers" *Philosophical Transactions of the Royal Society B* 373, 2018 等。

## 山極寿一（やまぎわ・じゅいち）

1952 年東京都生まれ。1975 年京都大学理学部卒業。博士（理学）。京都大学総長。人類進化論。主著に『家族進化論』（東京大学出版会）『暴力はどこから来たか』（NHK ブックス）『サル化する人間社会』（集英社インターナショナル）等。

New Edition **Incest and Its Taboos:**
An Interdisciplinary Approach

# Contents





523 WASEDA-TSURUMAKI-CHO,
SHINJUKU-KU, TOKYO, JAPAN

〈新版〉近親性交とそのタブー
――文化人類学と自然人類学のあらたな地平――

2001年12月30日　初版第1刷発行
2018年9月10日　新版第1刷発行©

編　者　川田順造
発行者　藤原良雄
発行所　株式会社 藤原書店
〒162-0041　東京都新宿区早稲田鶴巻町523
TEL　03（5272）0301
FAX　03（5272）0450
振替　00160-4-17013
印刷・製本　中央精版印刷

落丁本・乱丁本はお取り替えします
定価はカバーに表示してあります
Printed in Japan
ISBN978-4-86578-185-4

## 陸中心史観を覆す歴史観革命

# 海から見た歴史
## （ブローデル『地中海』を読む）

**川勝平太編**

陸中心史観に基づく従来の世界史を根底的に塗り替え、国家をこえる海洋ネットワークが形成した世界史の真のダイナミズムに迫る、第一級の論客の熱論。**網野善彦／石井米雄／ウォーラーステイン／川勝平太／鈴木董／二宮宏之／浜下武志／家島彦一／山内昌之**

四六上製　二八〇頁　**二八〇〇円**
（一九九六年三月刊）
◇978-4-89434-033-6

## 五十人の識者による多面的読解

# 『地中海』を読む

**I・ウォーラーステイン、P・ブルデュー、網野善彦、川勝平太、川田順造、榊原英資、山内昌之ほか**

各分野の第一線でいま活躍する五十人の多彩な執筆陣が、二十世紀最高の歴史書『地中海』の魅力を余すところなく浮き彫りにする。アカデミズムにとどまらず、各界の「現場」で新時代を切り開くための知恵に満ちた、『地中海』の全体像が見渡せる待望の一書。

A5並製　二四〇頁　**二八〇〇円**
（一九九九年一二月刊）
◇978-4-89434-159-3

## 世界初の『地中海』案内

# ブローデル『地中海』入門

**浜名優美**

現実を見ぬく確かな眼を与えてくれる最高の書『地中海』をやさしく解説。引用を随所に示し解説を加え、大著の読解を道案内。全巻完訳を果した訳者でこそ書きえた『地中海』入門書の決定版。〈付録〉『地中海』関連書誌、初版・第二版目次対照表ほか。

四六上製　三〇四頁　**二八〇〇円**
（二〇〇〇年一月刊）
◇978-4-89434-162-3

## ブローデルの〝三つの時間〟とは？

# ブローデル帝国

**F・ドス編**
**浜名優美監訳**

構造／変動局面／出来事というブローデル的「三つの時間」の問題性の核心に迫る本格作。**フェロー、ル＝ゴフ、アグリエッタ、ウォーラーステイン、リピエッツ他**、歴史、経済、地理学者がブローデル理論の全貌を明かす。

A5上製　二九六頁　**三八〇〇円**
（二〇〇〇年五月刊）
◇978-4-89434-176-0
*BRAUDEL DANS TOUS SES ÉTATS*
EspaceTemps 34/35

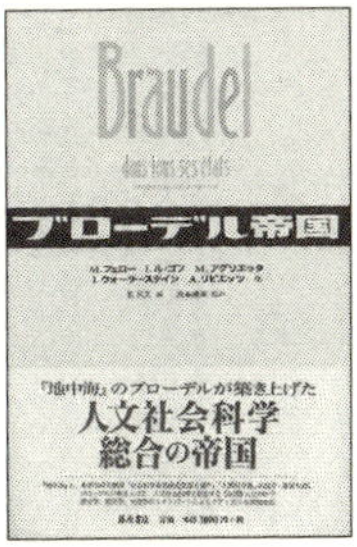

地中海人類学

# 攻撃の人類学
（ことば・まなざし・セクシュアリティ）

D・ギルモア
芝紘子訳

ゴシップ、あだ名、カーニバル、マチスモ等のフィールド・ワークを通して、攻撃としての「ことば」「まなざし」「セックス」に迫る、新しい「感情の人類学」。友好的な間柄の底にひそむ敵意がもつ意味を抉り出す問題作。

四六上製　四四〇頁　**四四〇〇円**
（一九九八年一月刊）
◇978-4-89434-091-6

*AGGRESSION AND COMMUNITY*
David D. GILMORE

人類文明史八千年を俯瞰する

# 〈主体〉の世界遍歴《ユリシーズ》
（八千年の人類文明はどこへ行くか）

いいだもも
I・II・III（全3分冊）

西洋文明の原点たる古典古代ギリシア、ミノア・ミュケーナイ文明を遡源し、今日の地球的規模の危機をもたらした西洋中心主義的歴史を再精査、徹底批判する。9・11事件の〈いま・ここ〉から八千年の人類文明史の謎を解く、著者渾身の六〇〇〇枚！

A5上製　各九〇〇頁　各**八四〇〇円**
（二〇〇五年一一月刊）
I◇978-4-89434-484-6
II◇978-4-89434-485-3
III◇978-4-89434-486-0

総合人間学としての「ヒト学」の誕生

# ヒトの全体像を求めて
（21世紀ヒト学の課題）

川田順造編
大貫良夫＋尾本惠市＋川田順造＋佐原真＋西田利貞

二十世紀の惨禍をもたらした「ヒト中心主義」を超えるため、人類学にできることは何か？　〝エイプ会〟の構想を受け継ぎ、自然史の視点から「ヒト学」の創造をめざす討論の記録。

四六上製　二六四頁　**二八〇〇円**
（二〇〇六年五月刊）
◇978-4-89434-518-8

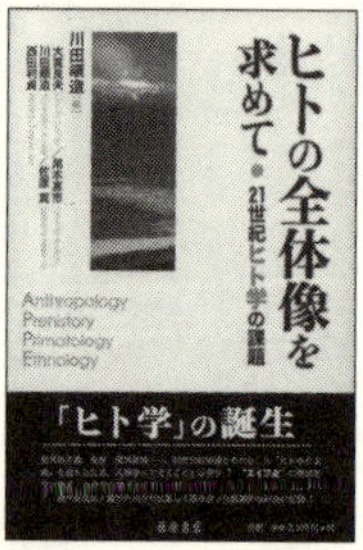

「地球時代」における新しい人類学

# 同時代世界の人類学

M・オジェ
森山工訳

「文化のグローバリゼーション」と「差異の尊重」とが同時に語られる現代の、メディア、コミュニケーション、政治的儀礼、カルト、都市空間……を考察する。ポスト・レヴィ＝ストロース人類学の第一人者による画期作。

四六上製　三二〇頁　**三二〇〇円**
（二〇〇二年一一月刊）
◇978-4-89434-309-2

*POUR UNE ANTHROPOLOGIE DES MONDES CONTEMPORAINS*
Marc AUGÉ

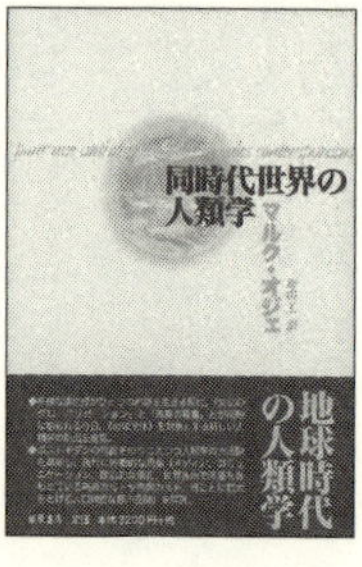